생각하지 않아도 톡톡 나오는 **라즈베리표 왕초보 즉문즉답 시리즈**

쌩기초부터 회화로 배우는

왕초보
베트남어
즉문즉답

후인 티 탄란 지음

Raspberry 라즈베리

쌩기초부터 회화로 배우는

왕초보
베트남어
즉문즉답

1판 2쇄 발행 2018년 1월 12일

저자 후인 티 탄란
펴낸이 임형경
펴낸곳 라즈베리
마케팅 김민석
책임디자인 렐리시
책임편집 장원희
편집 김은혜

등록 제210-92-25559호
주소 (우 132-873) 서울 도봉구 해등로 255, 102-1002 (쌍문동 에벤에셀)
대표전화 070-8113-2165
팩스 0504-088-9913 / 0504-722-9913
홈페이지 www.raspberrybooks.co.kr
블로그 http://blog.naver.com/e_raspberry
카페 http://cafe.naver.com/raspberrybooks

ISBN 979-11-954376-2-7 (13730)

② 왕초보 베트남어 즉문즉답은?

문법은 NO! 쌩기초부터 말로 배우는 베트남어 기초 회화 책입니다.
듣고 따라 하면서 혼자서도 쉽게 베트남어 회화를 완성할 수 있도록 구성했습니다.
지금 바로 베트남어 즉문즉답을 시작해 보세요! 열 원어민쌤 결코 안 부럽습니다.

PART 1~4
한국어-베트남어 녹음
157개 질문과 471개 대답의 MP3

일상에서 나눌 법한 628개의 질문과
대답으로 구성된 기초 표현과
MP3 무료 다운로드

1. 자주 쓰는 질문과 대답으로 구성
2. 한어 발음 표기로 스스로 학습 가능
3. 한국어-베트남어 순으로 녹음된 MP3 제공
4. 각 페이지 하단에 친절한 단어 설명

PART 5
실전 자기소개
상황별 MP3

배운 내용을 복습할 수 있는
응용 표현과 MP3 무료 다운로드

1. 배운 내용 중 핵심 표현 발췌
2. 속도감 있는 원어민 음성을 따라 실전 연습
3. 상황별로 듣고 어려운 문장은 Q 번호를 따라
　　본문에서 복습

저자 직강 팟빵 강의
157강

풍부한 경험의 원어민쌤과 함께하는
베트남어 1 : 1 과외식 강의

1. 한국어-베트남어 음성으로 배울 내용 확인
2. 원어민쌤 강의로 충분한 내용 파악
3. 원어민쌤과 함께하는 표현 연습

베트남어가 들리고 베트남어가 술술 나오는 신기한 경험!
한 열정하시는 원어민쌤 강의를 무료로!

쭈언　　비　박　더우
Chuẩn bị! Bắt đầu!

궁금할 때 찾아보는
쌩기초
베트남어

Part 0은 궁금할 때 찾아보는
베트남어 즉문즉답의 든든한 지원군이랍니다.
베트남어를 공부할 때는
Part 1부터 시작하는 센스쟁이가 되세요.

베트남어 알파벳
모음
자음
6성조
만능 베트남어 쌩기초 회화

베트남어 알파벳

베트남어는 기본 29개의 문자가 있어요.

알파벳	발음	음가	알파벳	발음	음가
A a	아	ㅏ	N n	너	ㄴ
Ă ă	아	ㅏ	O o	오	ㅗ
Â â	어	ㅓ	Ô ô	오	ㅗ
B b	버	ㅂ	Ơ ơ	어	ㅓ
C c	꺼	ㄲ	P p	뻐	ㅂ, ㅃ
D d	저	ㅈ	Q q	뀌	ㄲ
Đ đ	더	ㄷ	R r	러	ㄹ
E e	애	ㅐ	S s	서	ㅅ, ㅆ
Ê ê	에	ㅔ	T t	떠	ㄸ
G g	거	ㄱ	U u	우	ㅜ
H h	허	ㅎ	Ư ư	으	ㅡ
I i	이	ㅣ	V v	버	ㅂ, ㅑ
K k	까	ㄲ	X x	써	ㅅ, ㅆ
L l	러	ㄹ	Y y	이	ㅣ
M m	머	ㅁ			

모음

베트남어의
단모음은 모두 12개예요.

모음	발음
a	아
ă	아
â	어
e	애
ê	에
i	이
y	이
o	오
ô	오
ơ	어
u	우
ư	으

자음

베트남어의 자음은
단자음과 복자음이 있어요.

단자음	발음	음가	복자음	발음	음가
b	버	ㅂ			
c	꺼	ㄲ	ch	쩌	ㅉ
d	저	ㅈ			
đ	더	ㄷ			
g	거	ㄱ	gh	거	ㄱ
			gi	지	ㅈ
h	허	ㅎ			
k	까	ㄲ	kh	커	ㅋ
l	러	ㄹ			
m	머	ㅁ			
n	너	ㄴ	nh	녀	ㄴ
			ng	응어	응
			ngh	응어	응
p	뻐	ㅂ/ㅃ	ph	퍼	ㅍ
q	뀌	ㄲ	qu	꿔	ㄲ
r	러	ㄹ			
s	서	ㅅ/ㅆ			
t	떠	ㄸ	th	터	ㅌ
			tr	드러	ㅈ/ㅉ
v	버	ㅂ			
x	써	ㅅ/ㅆ			

6성조

베트남어는 모두 여섯 개의 성조를 가지고 있어요.
중심 모음 아래 위에 성조 기호를 붙여서 표기하는데,
성조에 따라 의미가 달라지므로 정확히 발음하는 것이 중요해요.

차례	성조 기호	성조명	기호 설명
1	a	Thanh ngang 탄　　　응앙	기호 표기 없음, 올림, 내림 없음
2	á	Thanh sắc 탄　　삭	길게 올림
3	à	Thanh huyền 탄　　후이엔	길게 내림
4	ả	Thanh hỏi 탄　　호이	내렸다 올림
5	ã	Thanh ngã 탄　　응아	길게 내렸다 올림
6	ạ	Thanh nặng 탄　　낭	급격히 내림

바쁜 왕초보를 위한 일곱 가지 기초 표현을 모았어요.
베트남어, 쉽게 시작하세요!!

| 안녕하세요. | **Xin chào.** | 씬 짜오 |

| 죄송해요. | **Xin lỗi.** | 씬 로이 |

| 안녕히 가세요. | **Tạm biệt.** | 땀 비엘 |

| 고마워요. | **Cám ơn.** | 깜 언 |

| 힘내세요. | **Cố lên.** | 꼬 렌 |

| 괜찮아요. | **Không sao.** | 콩 사오 |

| 알겠어요. | **Tôi hiểu.** | 또이 히에우 |

왕초보

베트남어
즉문즉답
Q1~Q157

쌩기초부터 묻고 답하는 회화로 시작하세요.

생각하지 않아도 톡톡 나오는

베트남어의 매력에 빠져보실래요!!

Part 1	Part 2	Part 3	Part 4
자기소개	만남	여행	일상

Q1 **안녕하세요?**

씬   짜오
Xin chào.

A1 (손아랫사람에게) **안녕.**

짜오   앰
Chào em.

A2 (젊은 여자에게) **안녕하세요.**

짜오   꼬
Chào cô.

A3 (젊은 남자에게) **안녕하세요.**

짜오   안
Chào anh.

Words   **xin chào**(씬 짜오) 안녕하세요 / **em**(앰) 손아랫사람 /
cô(꼬) 여선생님, 젊은 여성 / **anh**(안) 젊은 남성

Q2 **잘 지냈어요?**
쾌   콩
Khỏe không?

A1 잘 지내요.
쾌
Khỏe.

A2 그럭저럭 지내요.
빈   트엉
Bình thường.

A3 아니요, 잘 못 지내요.
콩   콩   쾌
Không, không khỏe.

Words	**khỏe**(쾌) 잘 지냈다 / **không**(콩) 아니요, 동사 앞에서 부정을 나타냄. 의문 표현 (뜻이 없이 쓰임) / **bình thường**(빈 트엉) 그럭저럭

Q3 안녕히 가세요.

^땀 ^{비엗}
Tạm biệt.

A1 안녕히 가세요.

^땀 ^{비엗}
Tạm biệt.

A2 잘 가.

^디 ^빈 ^안
Đi bình an.

A3 안녕히 가세요.

^안 ^디 ^아
Anh đi ạ.

Words | **tạm biệt**^(땀 비엗) 안녕히 가세요 / **đi**^(디) 가다 / **bình an**^(빈 안) 잘 / **anh**^(안) 젊은 남성 / **ạ**^(아) ~요, ~세요 (문장의 뒤에 붙여서 존댓말로 쓰임)

Q4 **처음 뵙겠습니다.**

헌   한   드억   갑
Hân hạnh được gặp.

A1 처음 뵙겠습니다.

헌   한   드억   갑   꼬
Hân hạnh được gặp cô.

A2 처음 뵙겠습니다.

헌   한   드억   갑   안
Hân hạnh được gặp anh.

A3 만나서 정말 반가워.

럭   부이   드억   갑   앰
Rất vui được gặp em.

Words

hân hạnh(헌 한) 영광스럽다 / **được**(드억) 얻다, 되다 /
gặp(갑) 뵙다, 만나다 / **cô**(꼬) 여선생님, 젊은 여성 /
anh(안) 젊은 남성 / **rất**(럭) 매우 /
vui(부이) 기쁜, 즐거운, 만족스러운 / **em**(앰) 손아랫사람

 **Scene #1** 인사

Q5 ## 또 만나요.
<small>핸 갑 라이</small>
Hẹn gặp lại.

A1 ### 다음에 만나요.
<small>핸 갑 라이 런 사우</small>
Hẹn gặp lại lần sau.

A2 ### 또 만나요.
<small>핸 갑 라이 니애</small>
Hẹn gặp lại nhé.

A3 ### 나중에 만나요.
<small>갑 라이 사우 니애</small>
Gặp lại sau nhé.

Words

hẹn(핸) 약속하다 / **gặp**(갑) 만나다, 뵙다 / **lại**(라이) 또 /
sau(사우), **lần sau**(런 사우) 다음에, 나중에 /
nhé(니애) 문장 끝에 붙어 제의할 때 쓰임

0	**không** *(콩)* 영
1	**một** *(못)* 일, 하나 ✓
2	**hai** *(하이)* 이, 둘
3	**ba** *(바)* 삼, 셋
4	**bốn** *(본)* 사, 넷
5	**năm** *(남)* 오, 다섯△
6	**sáu** *(사우)* 육, 여섯
7	**bảy** *(바이)* 칠, 일곱
8	**tám** *(땀)* 팔, 여덟
9	**chín** *(찐)* 구, 아홉
10	**mười** *(므어이)* 십, 열
11	**mười một** *(므어이 못)* 십일, 열하나 ✓
12	**mười hai** *(므어이 하이)* 십이, 열둘
13	**mười ba** *(므어이 바)* 십삼, 열셋
14	**mười bốn** *(므어이 본)* 십사, 열넷
15	**mười lăm** *(므어이 람)* 십오, 열다섯△
16	**mười sáu** *(므어이 사우)* 십육, 열여섯
17	**mười bảy** *(므어이 바이)* 십칠, 열일곱

18	**mười tám** *(므어이 땀)* 십팔, 열여덟	
19	**mười chín** *(므어이 찐)* 십구, 열아홉	
20	**hai mươi** *(하이 므어이)* 이십, 스물	
21	**hai mươi mốt** *(하이 므어이 못)* 이십일, 스물하나 ✓	
22	**hai mươi hai** *(하이 므어이 하이)* 이십이, 스물둘	
25	**hai mươi lăm** *(하이 므어이 람)* 이십오, 스물다섯 △	
30	**ba mươi** *(바 므어이)* 삼십, 서른	
31	**ba mươi mốt** *(바 므어이 못)* 삼십일, 서른하나 ✓	
40	**bốn mươi** *(본 므어이)* 사십, 마흔	
41	**bốn mươi mốt** *(본 므어이 못)* 사십일, 마흔하나 ✓	
50	**năm mươi** *(남 므어이)* 오십, 쉰	
60	**sáu mươi** *(사우 므어이)* 육십, 예순	
70	**bảy mươi** *(바이 므어이)* 칠십, 일흔	
80	**tám mươi** *(땀 므어이)* 팔십, 여든	
90	**chín mươi** *(찐 므어이)* 구십, 아흔	
100	**một trăm** *(못 드람)* 백	
1,000	**một nghìn** *(못 응인)* 천	
10,000	**mười nghìn** *(므어이 응인)* 만	

Q6 **가족이 몇 명 있나요?**

^쟈 ^딘
Gia đình
^꼬 ^{머이} ^{응어이}
có mấy người?

A1 네 명 있어요.

^꼬 ^본 ^{응어이}
Có 4 người.

A2 나는 가족이 네 명 있어요.

^쟈 ^딘 ^{또이} ^꼬 ^본 ^{응어이}
Gia đình tôi có 4 người.

A3 제 가족은 네 명입니다.

^쟈 ^딘 ^{꾸아} ^{또이} ^꼬 ^본 ^{응어이}
Gia đình của tôi có 4 người.

Words
gia đình(쟈 딘) 가족 / **có**(꼬) 있다 / **mấy**(머이) 몇 /
người(응어이) 명, 사람 / **4, bốn**(본) 사, 넷 / **tôi**(또이) 나, 저 / **của**(꾸아) 의

 아이가 몇 명 있나요?

꼬 머이 응어이 꼰
Có mấy người con?

A1 아이는 두 명 있어요.

또이 꼬 하이 꼰
Tôi có 2 con.

- -

A2 아이가 없어요.

또이 콩 꼬 꼰
Tôi không có con.

- -

A3 딸 하나, 아들 하나 있습니다.

또이 꼬 못 꼰 가이 못 꼰 드라이
Tôi có 1 con gái, 1 con trai.

---

	có(꼬) 있다 / **mấy**(머이) 몇 / **người**(응어이) 명, 사람 / **con**(꼰) 아이 /
Words	**tôi**(또이) 나, 저 / **2, hai**(하이) 이, 둘 / **không có**(콩 꼬) 없다 /
	1, một(못) 일, 하나 / **con gái**(꼰 가이) 딸 / **con trai**(꼰 드라이) 아들

Q8 형제가 몇 명 있나요?

안 앰 꼬 머이 응어이
Anh em có mấy người?

A1 형제는 두 명 있어요.

또이 꼬 하이 안 앰
Tôi có 2 anh em.

A2 남동생이 한 명 있어요.

또이 꼬 못 앰 드라이
Tôi có 1 em trai.

A3 언니 한 명, 오빠 한 명이 있어요.

또이 꼬 못 찌 못 안
Tôi có 1 chị, 1 anh.

Words

anh em(안 앰) 형제 / **có**(꼬) 있다 / **mấy**(머이) 몇 / **người**(응어이) 명 /
tôi(또이) 나, 저 / **2, hai**(하이) 이, 둘 / **1, một**(못) 일, 하나 /
em trai(앰 드라이) 남동생 / **chị**(찌) 언니 / **anh**(안) 오빠

Q9 ## 부모님이 계세요?

꼰 보 매 콩
Còn bố mẹ không?

A1 네, 부모님이 계세요.

벙 또이 꼰 보 매
Vâng, tôi còn bố mẹ.

A2 어머니(아버지)가 계세요.

또이 꼰 매 (보)
Tôi còn mẹ(bố).

A3 아니요, 부모님은 안 계십니다.

콩 또이 콩 꼰 보 매
Không, tôi không còn bố mẹ.

Words

còn(꼰) 계시다 / bố mẹ(보 매) 부모님 /

vâng(벙) 네, 예 (긍정, 동의, 대답할 때 쓰임) / tôi(또이) 나, 저 /

mẹ(매), má(마) 어머니 / bố(보), ba(바) 아버지 / không(콩) 안 (부정 표현)

Q10 부모님과 함께 살고 있나요?
Đang sống chung
^당 ^송 ^쭝
với bố mẹ không?
^{버이} ^보 ^매 ^콩

A1 부모님과 함께 살고 있어요.
^{또이} ^당 ^송 ^쭝 ^{버이} ^보 ^매
Tôi đang sống chung với bố mẹ.

A2 부모님과 함께 살지 않아요.
^{또이} ^콩 ^송 ^쭝 ^{버이} ^보 ^매
Tôi không sống chung với bố mẹ.

A3 따로 살아요.
^{또이} ^송 ^{리엥}
Tôi sống riêng.

Words

đang(당) ~고 있다 / sống(송) 살다 / cùng(꿍), chung(쭝) 함께 /
với(버이) ~과 / bố mẹ(보 매) 부모님 / tôi(또이) 나, 저 /
không sống(콩 송) 살지 않다 / riêng(리엥) 따로

 이름이 뭐예요?

_반 _뗀 _라 _지
Bạn tên là gì?

A1 저는 김민우예요.

_{또이} _라 _김 _민 _우
Tôi là Kim Min Woo.

- -

A2 제 이름은 김민우입니다.

_뗀 _{또이} _라 _김 _민 _우
Tên tôi là Kim Min Woo.

- -

A3 저는 이름이 김민우입니다.

_{또이} _뗀 _라 _김 _민 _우
Tôi tên là Kim Min Woo.

Words | **bạn**(반) 친밀한 관계를 표현 / **tên**(뗀) 이름 / **là**(라) ~이다 /
gì(지) 무엇, 뭐 / **tôi**(또이) 나, 저

Q12 어떻게 불러야 할까요?

고이 반 니으 테 나오
Gọi bạn như thế nào?

A1 김민우라고 해요.

고이 또이 라 김 민 우
Gọi tôi là Kim Min Woo.

A2 민우라고 부르세요.

씬 고이 또이 라 민 우
Xin gọi tôi là Min Woo.

A3 민우라고 하면 돼요.

고이 또이 라 민 우 드억
Gọi tôi là Min Woo được.

Words gọi(고이) 부르다, ∼라고 하다 / bạn(반) 친밀한 관계를 표현 /
như thế nào(니으 테 나오) 어떻게 / tôi(또이) 나, 저 / là(라) ∼이다 /
được(드억) 되다

 **Scene #3 이름**

 Q13 **몇 살이에요?**
머이 뚜오이
Mấy tuổi?

A1 스물다섯 살이에요.
하이 므어이 람 뚜오이
Hai mươi lăm tuổi.

A2 나는 스물다섯 살이에요.
앰 하이 므어이 람 뚜오이
Em hai mươi lăm tuổi.

A3 올해 나는 스물다섯 살입니다.
남 나이 앰 하이 므어이 람 뚜오이
Năm nay em hai mươi lăm tuổi.

Words **mấy**(머이) 몇 / **tuổi**(뚜오이) 살, 나이 / **em**(앰) 손아랫사람 / **năm nay**(남 나이) 올해 /
25, hai mươi lăm(하이 므어이 람) 이십오, 스물다섯

Part 1 - 자기소개

Q14 친구가 많이 있나요?

꼬 니에우 반 콩
Có nhiều bạn không?

A1 저는 친구가 많이 있어요.

또이 꼬 니에우 반
Tôi có nhiều bạn.

A2 저는 친구가 없어요.

또이 콩 꼬 니에우 반
Tôi không có nhiều bạn.

A3 저는 학교 친구가 여러 명 있어요.

또이 꼬 바이 반 혹
Tôi có vài bạn học.

Words
có(꼬) 있다 / nhiều(니에우) 많이 / bạn(반) 친구 / tôi(또이) 나, 저 /
vài(바이) 여러 / bạn học(반 혹) 학교 친구

친구가 몇 명 있나요?

꼬 머이 응어이 반
Có mấy người bạn?

A1 직장 친구가 몇 명 있어요.
반 너이 람 비엘 꼬 바이 응어이
Bạn nơi làm việc có vài người.

A2 같은 고향 친구가 여러 명 있어요.
반 꿍 꾸에 꼬 바이 응어이
Bạn cùng quê có vài người.

A3 저는 친구가 많이 있어요.
또이 꼬 니에우 반
Tôi có nhiều bạn.

Words | **có**(꼬) 있다 / **mấy**(머이) 몇 / **người**(응어이) 명, 사람 / **bạn**(반) 친구 /
nơi làm việc(너이 람 비엘) 직장 / **vài**(바이) 여러 /
cùng(꿍) 같은 / **quê**(꾸에) 고향 / **tôi**(또이) 나, 저 / **nhiều**(니에우) 많이

Q16 **결혼했나요?**

다 럽 쟈 딘 쯔아
Đã lập gia đình chưa?

A1 네, 결혼했어요.

벙 또이 다 럽 쟈 딘
Vâng, tôi đã lập gia đình.

A2 아니요, 결혼하지 않았어요.

쯔아 또이 쯔아 럽 쟈 딘
Chưa, tôi chưa lập gia đình.

A3 아직 독신이에요.

또이 꼰 독 턴
Tôi còn độc thân.

Words

lập gia đình(럽 쟈 딘) 결혼하다 / **đã lập gia đình**(다 럽 쟈 딘) 결혼했다 /
chưa(쯔아) 과거 의문, ~지 않았다, 아니요 / **vâng**(벙) 네, 예 (긍정. 동의. 대답할 때 쓰임) /
tôi(또이) 나, 저 / **còn**(꼰) 아직 / **độc thân**(독 턴) 독신

 언제 결혼했나요?
다 럽 쟈 딘 키 나오
Đã lập gia đình khi nào?

A1 2년 전에 결혼했어요.
또이 다 럽 쟈 딘 깍 더이 하이 남
Tôi đã lập gia đình cách đây 2 năm.

A2 작년에 결혼했어요.
또이 럽 쟈 딘 남 응와이
Tôi lập gia đình năm ngoái.

A3 내년에 결혼할 거예요.
남 떠이 또이 새 럽 쟈 딘
Năm tới tôi sẽ lập gia đình.

Words

đã lập gia đình(다 럽 쟈 딘) 결혼했다 / **khi nào**(키 나오) 언제 /
tôi(또이) 나, 저 / **trước**(드럭), **cách đây**(깍 더이) 전 / **2, hai**(하이) 이, 둘 /
năm(남) 년 / **năm ngoái**(남 응와이) 작년 / **năm tới**(남 떠이) 내년 /
sẽ(새) ~할 것이다 (단순한 미래를 나타냄)

결혼할 생각이 있나요?

쉬 띤 럽 쟈 딘 콩
Suy tính lập gia đình không?

A1 네, 생각이 있었어요.

벙 다 쉬 띤
Vâng, đã suy tính.

A2 아니요, 아직 생각이 없어요.

쯔아 또이 쯔아 응이 떠이
Chưa, tôi chưa nghĩ tới.

A3 네, 생각이 있지만 애인이 아직 없어요.

벙 다 쉬 띤
Vâng, đã suy tính

능 쯔아 꼬 응어이 이에우
nhưng chưa có người yêu.

Words

suy tính(쉬 띤), **nghĩ tới**(응이 떠이) 생각 / **lập gia đình**(럽 쟈 딘) 결혼하다 /
vâng(벙) 네, 예 (긍정, 동의, 대답할 때 쓰임) / **đã**(다) 과거에 일어난 일이나
행동을 나타낼 때 쓰는 표현 / **chưa**(쯔아) ~지 않았다, 아니요, 아직 /
tôi(또이) 나, 저 / **nhưng**(능) ~지만 / **người yêu**(응어이 이에우) 애인

Q19 어느 나라 사람이에요?

^반 ^라 ^{응어이} ^{느억} ^{나오}
Bạn là người nước nào?

A1 한국 사람이에요.

^{또이} ^라 ^{응어이} ^한 ^{꾸옥}
Tôi là người Hàn Quốc.

A2 미국 사람이에요.

^{또이} ^라 ^{응어이} ^미
Tôi là người Mĩ.

A3 베트남 사람이에요.

^{또이} ^라 ^{응어이} ^{비엘} ^남
Tôi là người Việt Nam.

Words

bạn(반) 친밀한 관계를 표현 / **là**(라) ~이다 / **người**(응어이) 사람 /
nước(느억) 나라 / **nào**(나오) 어느 / **tôi**(또이) 나, 저 /
Hàn Quốc(한 꾸옥) 한국 / **Mĩ**(미) 미국 / **Việt Nam**(비엘 남) 베트남

고향이 어디예요?

꾸에 어 더우
Quê ở đâu?

A1 베트남 북부예요.

미엔 박 비엘 남
Miền Bắc Việt Nam.

A2 베트남 중부예요.

미엔 드룽 비엘 남
Miền Trung Việt Nam.

A3 베트남 남부예요.

미엔 남 비엘 남
Miền Nam Việt Nam.

Words

quê(꾸에) 고향 / ở đâu(어 더우) 어디 / miền Bắc(미엔 박) 북부 /
Việt Nam(비엘 남) 베트남 / miền Trung(미엔 드룽) 중부 /
miền Nam(미엔 남) 남부

Q21 어디에서 왔나요?
<ruby>뜨</ruby> <ruby>더우</ruby> <ruby>덴</ruby>
Từ đâu đến?

A1 한국에서 왔어요.
또이 뜨 한 꾸옥 덴
Tôi từ Hàn Quốc đến.

A2 저는 한국에서 왔어요.
또이 덴 뜨 한 꾸옥
Tôi đến từ Hàn Quốc.

A3 저는 한국 사람이에요.
또이 라 응어이 한 꾸옥
Tôi là người Hàn Quốc.

Words **từ**(뜨) 에서 / **đâu**(더우) 어디 / **đến**(덴) 오다 / **tôi**(또이) 나, 저 /
Hàn Quốc(한 꾸옥) 한국 / **là**(라) ~이다 / **người**(응어이) 사람

베트남 사람이 맞나요?

라 응어이 비엘 둥 콩
Là người Việt đúng không?

A1 저는 베트남 사람이에요.

또이 라 응어이 비엘
Tôi là người Việt.

A2 네, 맞아요.

벙 둥 로이
Vâng, đúng rồi.

A3 네, 베트남이에요.

벙 비엘 남
Vâng, Việt Nam.

Words

là(라) ~이다 / người(응어이) 사람 / Việt(비엘), Việt Nam(비엘 남) 베트남 /
đúng(둥) 맞다 / đúng không(둥 콩) 맞나요? / tôi(또이) 나, 저 /
vâng(벙) 네, 예 (긍정, 동의, 대답할 때 쓰임) / đúng rồi(둥 로이) 맞다

Scene #6 집

Q23 **집이 어디예요?**
냐 어 더우
Nhà ở đâu?

A1 베트남 수도 하노이예요.
어 투 도 하 노이
Ở thủ đô Hà Nội.

A2 호찌민 시예요.
어 탄 포 호 찌 민
Ở thành phố Hồ Chí Minh.

A3 시골이에요.
어 미엔 꾸에
Ở miền quê.

Words nhà(냐) 집 / ở đâu(어 더우) 어디 / thủ đô(투 도) 수도 /
Hà Nội(하 노이) 하노이 / thành phố(탄 포) 시 / Hồ Chí Minh(호 찌 민) 호찌민 /
miền quê(미엔 꾸에) 시골 / ở(어) 장소를 이야기할 때 쓰임

어디에 살고 있나요?

_반 _송 _어 _{더우}
Bạn sống ở đâu?

A1　서울이에요.
_어 _{서울}
Ở Seoul.

A2　성북구예요.
_어 _{꾸언} _{성북}
Ở quận Seongbuk.

A3　동대문시장 근처예요.
_어 _건 _쩌 _{동대문}
Ở gần chợ Đongđaemun.

Words　**bạn**(반) 친밀한 관계를 표현 / **sống**(송) 살다 / **ở đâu**(어 더우) 어디 /
quận(꾸언) 구 / **gần**(건) 근처 / **chợ**(쩌) 시장

어느 회사에서 일하고 있나요?

당 람 비엘 꽁 띠 나오
Đang làm việc công ty nào?

A1 자동차 회사에서 일하고 있어요.

또이 당 람 비엘 어 꽁 띠 쌔 오 또
Tôi đang làm việc ở công ty xe ô tô.

A2 저는 자동차 회사 직원이에요.

또이 라 년 비엔 꽁 띠 쌔 오 또
Tôi là nhân viên công ty xe ô tô.

A3 저는 교사예요.

또이 라 쟈오 비엔
Tôi là giáo viên.

Words

đang(당) ~고 있다 / **làm việc**(람 비엘) 일하다 / **việc**(비엘) 일 /
công ty(꽁 띠) 회사 / **nào**(나오) 어느 / **ở**(어) 에서 / **xe ô tô**(쌔 오 또) 자동차 /
là(라) ~이다 / **nhân viên**(년 비엔) 직원 / **giáo viên**(쟈오 비엔) 교사

언제부터 회사에 다니고 있나요?

디 람 뜨 키 나오
Đi làm từ khi nào?

A1 10개월 되었어요.

드억 므어이 탕
Được 10 tháng.

A2 3년 되었어요.

드억 바 남
Được 3 năm.

A3 거의 7년이 되었네요.

건 바이 남
Gần 7 năm.

Words

đi(디) 다니다 / **đi làm**(디 람) 회사에 다니다 / **từ**(뜨) 부터 /
khi nào(키 나오) 언제 / **được**(드억) 되다 / **10, mười**(므어이) 십, 열 /
tháng(탕) 개월 / **3, ba**(바) 삼, 셋 / **năm**(남) 년 / **gần**(건) 거의 /
7, bảy(바이) 칠, 일곱

Q27 집에서 회사까지 멀어요?

^뜨 ^냐 ^덴
Từ nhà đến
^꽁 ^띠 ^싸 ^콩
công ty xa không?

A1 그다지 멀지는 않아요.
^콩 ^덴 ^{노이} ^싸
Không đến nỗi xa.

A2 자동차를 타면 30분 걸려요.
^먹 ^{바 므어이 풋} ^쌔 ^오 ^또
Mất 30 phút xe ô tô.

A3 지하철을 타면 1시간 걸려요.
^먹 ^못 ^{띠엥} ^쌔 ^{디엔} ^{응엄}
Mất 1 tiếng xe điện ngầm.

Words

từ(뜨) 부터 / **nhà**(냐) 집 / **đến**(덴) ～까지 / **công ty**(꽁 띠) 회사 /
xa(싸) 멀다 / **đến nỗi**(덴 노이) 그다지 / **mất**(먹) 걸리다 /
30 phút(바 므어이 풋) 30분 / **xe ô tô**(쌔 오 또) 자동차 /
1 tiếng(못 띠엥) 1시간 / **xe điện ngầm**(쌔 디엔 응엄) 지하철

어떤 일을 하고 있나요?

당 람 비엩 지
Đang làm việc gì?

A1 저는 사업가예요.

또이 라 트엉 쟈
Tôi là thương gia.

A2 저는 의사예요.

또이 라 박 시
Tôi là bác sĩ.

A3 저는 신문기자예요.

또이 라 냐 바오
Tôi là nhà báo.

Words	**đang**(당) ~고 있다 / **làm việc**(람 비엩) 일하다 / **gì**(지) 어떤 / **là**(라) ~이다 / **thương gia**(트엉 쟈) 사업가 / **bác sĩ**(박 시) 의사 / **nhà báo**(냐 바오) 신문기자

Q29 **몇 시부터 몇 시까지 일하나요?**

람 비엘 뜨 머이
Làm việc từ mấy
저 덴 머이 저
giờ đến mấy giờ?

A1 9시부터 6시까지예요.
뜨 찐 저 덴 사우 저
Từ 9 giờ đến 6 giờ.

A2 오전 9시부터 오후 6시까지예요.
뜨 찐 저 상 덴 사우 저 찌에우
Từ 9 giờ sáng đến 6 giờ chiều.

A3 오전 11시부터 오후 9시까지예요.
뜨 므어이 못 저 드르아 덴 찐 저 또이
Từ 11 giờ trưa đến 9 giờ tối.

Words

làm việc(람 비엘) 일하다 / **mấy**(머이) 몇 / **giờ**(저) 시 /

~từ~đến(~뜨 ~덴) ~부터 ~까지 / **9, chín**(찐) 구, 아홉 / **6, sáu**(사우) 육, 여섯 /

sáng(상), **trưa**(드르아) 오전 / **chiều**(찌에우), **tối**(또이) 오후 /

11, mười một(므어이 못) 십일, 열하나

회사 갈 때 뭐 타고 가나요?

디 람 방 지
Đi làm bằng gì?

A1 버스를 타고 가요.

방 쌔 빗
Bằng xe buýt.

A2 자동차로 가요.

디 방 오 또
Đi bằng ô tô.

A3 걸어가요.

디 보
Đi bộ.

Words

đi làm(디 람) 회사에 가다 / **bằng**(방) ~로(교통수단) / **gì**(지) 뭐 /
xe buýt(쌔 빗) 버스 / **đi**(디) 가다 / **ô tô**(오 또) 자동차 / **đi bộ**(디 보) 걷다

1. 요일

일요일	**chủ nhật** *(주 녁)*
월요일	**thứ hai** *(트 하이)*
화요일	**thứ ba** *(트 바)*
수요일	**thứ tư** *(트 뜨)*
목요일	**thứ năm** *(트 남)*
금요일	**thứ sáu** *(트 사우)*
토요일	**thứ bảy** *(트 바이)*

2. 월

1월	2월	3월
tháng một *(탕 못)*	**tháng hai** *(탕 하이)*	**tháng ba** *(탕 바)*

4월	5월	6월
tháng tư *(탕 뜨)*	**tháng năm** *(탕 남)*	**tháng sáu** *(탕 사우)*

7월	8월	9월
tháng bảy *(탕 바이)*	**tháng tám** *(탕 땀)*	**tháng chín** *(탕 찐)*

10월	11월	12월
tháng mười *(탕 므어이)*	**tháng mười một** *(탕 므어이 못)*	**tháng mười hai** *(탕 므어이 하이)*

 취미가 뭐예요?

서 팃 꾸아 반 라 지
Sở thích của bạn là gì?

A1 등산을 좋아해요.

또이 팃 래오 누이
Tôi thích leo núi.

A2 책 읽기를 좋아해요.

또이 팃 독 삭
Tôi thích đọc sách.

A3 수영을 좋아해요.

또이 팃 버이 로이
Tôi thích bơi lội.

Words

sở thích(서 팃) 취미 / **của**(꾸아) ~의 / **bạn**(반) 친밀한 관계를 표현 /
là(라) ~이다 / **gì**(지) 뭐 / **thích**(팃) 좋아하다 / **leo núi**(래오 누이) 등산 /
đọc(독) 읽다 / **sách**(삭) 책 / **bơi lội**(버이 로이) 수영

Q32 **시간이 나면 뭐 해요?**

네우 꼬 터이 쟌 람 지
Nếu có thời gian làm gì?

A1 저는 쇼핑해요.

또이 디 무아 삼
Tôi đi mua sắm.

A2 저는 청소해요.

또이 존 잽
Tôi dọn dẹp.

A3 친구를 만나요.

또이 갑 반 배
Tôi gặp bạn bè.

Words

nếu(네우) ~면 / có(꼬) 있다 / thời gian(터이 쟌) 시간 /
làm gì(람 지) 뭐 하다 / đi mua sắm(디 무아 삼) 쇼핑하다 /
dọn dẹp(존 잽) 청소하다 / gặp(갑) 만나다 / bạn bè(반 배) 친구

Q33 좋아하는 것은 뭐예요?
반 틧 지
Bạn thích gì?

A1 여행을 좋아해요.
또이 틧 주 릭
Tôi thích du lịch.

A2 영화 보는 것을 좋아해요.
또이 틧 쌤 핌
Tôi thích xem phim.

A3 사진 찍는 것을 좋아해요.
또이 틧 쭙 안
Tôi thích chụp ảnh.

Words

bạn(반) 친밀한 관계를 표현 / thích(틧) 좋아하다 / gì(지) 뭐 /
du lịch(주 릭) 여행 / xem phim(쌤 핌) 영화를 보다 / chụp ảnh(쭙 안) 사진을 찍다

싫어하는 것은 뭐예요?

반　　객　　지
Bạn ghét gì?

A1 소음을 싫어해요.

또이　객　　띠엥　온
Tôi ghét tiếng ồn.

A2 전쟁을 싫어해요.

또이　객　　찌엔　　드란
Tôi ghét chiến tranh.

A3 거짓말을 싫어해요.

또이　객　　노이　조이
Tôi ghét nói dối.

Words　　**bạn**(반) 친밀한 관계를 표현 / **ghét**(객) 싫어하다 / **gì**(지) 뭐 /
　　　　tiếng ồn(띠엥 온) 소음 / **chiến tranh**(찌엔 드란) 전쟁 / **nói dối**(노이 조이) 거짓말

 쇼핑을 좋아하나요?

틧 무아 삼 쌈 콩
Thích mua sắm không?

A1 네, 아주 좋아해요.

벙 또이 럭 틧
Vâng, tôi rất thích.

A2 아니요, 좋아하지 않아요.

콩 또이 콩 틧
Không, tôi không thích.

A3 별로 좋아하지 않아요.

또이 콩 틧 람
Tôi không thích lắm.

Words
thích(틧) 좋아하다 / mua sắm(무아 삼) 쇼핑하다 / rất(럭) 아주 /
không thích(콩 틧) 좋아하지 않다 / không~lắm(콩~람) 별로

스포츠를 좋아하나요?

반 틧 테 타오 콩
Bạn thích thể thao không?

A1 스포츠를 좋아해요.

또이 틧 테 타오
Tôi thích thể thao.

A2 스포츠를 싫어해요.

또이 객 테 타오
Tôi ghét thể thao.

A3 운동 중에서는 걷기만 좋아해요.

드롱 테 타오 또이 찌 틧 디 보
Trong thể thao tôi chỉ thích đi bộ.

Words | bạn(반) 친밀한 관계를 표현 / thích(틧) 좋아하다 / thể thao(테 타오) 스포츠, 운동 / ghét(객) 싫어하다 / trong(드롱) 중 / chỉ(찌) 만 / đi bộ(디 보) 걷기

Q37 베트남에 가 본 적 있나요?

다 디 비엘 남 쯔아
Đã đi Việt Nam chưa?

A1 베트남에 가 본 적 없어요.

쯔아 디 비엘 남
Chưa đi Việt Nam.

A2 작년에 다녀왔어요.

다 디 남 응와이
Đã đi năm ngoái.

A3 2년 전에 다녀왔어요.

다 디 하이 남 드럭
Đã đi 2 năm trước.

Words

đã đi(다 디) 가 본 적 있다 / **Việt Nam**(비엘 남) 베트남 / **chưa**(쯔아) 과거 의문 표현 /
chưa đi(쯔아 디) 가 본 적 없다 / **năm ngoái**(남 응와이) 작년 /
đi(디) 다녀오다 / **hai năm**(하이 남) 2년 / **trước**(드럭) 전

베트남에 무슨 일로 왔나요?
^{덴 비엩 남 데 람 지}
Đến Việt Nam để làm gì?

A1 여행하러 왔어요.
^{데 주 릭}
Để du lịch.

A2 출장으로 왔어요.
^{데 꽁 딱}
Để công tác.

A3 일하러 왔어요.
^{데 람 비엩}
Để làm việc.

Words

đến(덴) 오다 / **Việt Nam**(비엩 남) 베트남 /
đến để làm(덴 데 람) 하러 오다 / **gì**(지) 무엇 /
du lịch(주 릭) 여행 / **công tác**(꽁 딱) 출장 / **làm việc**(람 비엩) 일하다

Q39 베트남 문화에 대해 알고 있나요?

꼬 비엩 베 번 화
Có biết về văn hóa
비엩 남 콩
Việt Nam không?

A1 한국 문화와 비슷한 것 같아요.

쫑 번 화 한 꾸옥
Giống văn hóa Hàn Quốc.

A2 베트남 문화를 좋아해요.

또이 팃 번 화 비엩 남
Tôi thích văn hóa Việt Nam.

A3 베트남 문화에 대해 알고 싶어요.

또이 무온 비엩 번 화 비엩 남
Tôi muốn biết văn hóa Việt Nam.

Words

có(꼬) 있다 / **biết**(비엩) 알다 / **về**(베) ~에 대해 / **văn hóa**(번 화) 문화 /
giống(쫑) 비슷하다 / **Hàn Quốc**(한 꾸옥) 한국 / **tôi**(또이) 나, 저 /
thích(팃) 좋아하다 / **muốn**(무온) ~고 싶다

베트남어를 언제부터 공부했나요?

다 혹 띠엥 비엗 키 나오
Đã học tiếng Việt khi nào?

A1 6개월 정도 배웠어요.

혹 드롱 사우 탕
Học trong 6 tháng.

A2 1년 전부터 배웠어요.

다 혹 못 남 드럭
Đã học 1 năm trước.

A3 지금 시작하려고 해요.

버이 저 박 더우
Bây giờ bắt đầu.

Words	
	học(혹) 공부하다, 배우다 / **đã học**(다 혹) 공부했다 /
	tiếng Việt(띠엥 비엗) 베트남어 / **khi nào**(키 나오) 언제부터 /
	trong(드롱) 정도 / **tháng**(탕) 개월 / **năm**(남) 년 / **năm trước**(남 드럭) 작년 /
	bây giờ(버이 저) 지금 / **bắt đầu**(박 더우) 시작하려고 하다

 Q41 내일 시간 어때요?

_{응아이} _{마이} _{터이} _쟌 _테 _{나오}
Ngày mai thời gian thế nào?

A1 약속이 있어요.
_꼬 _핸
Có hẹn.

A2 내일 시간 있어요.
_{응아이} _{마이} _꼬 _{터이} _쟌
Ngày mai có thời gian.

A3 내일 괜찮아요.
_{응아이} _{마이} _{드억}
Ngày mai được.

Words

ngày mai(응아이 마이) 내일 / **thời gian**(터이 쟌) 시간 /
thế nào(테 나오) 어때요 / **có**(꼬) 있다 / **hẹn**(핸) 약속 / **được**(드억) 괜찮다

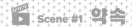
Q42 잘 지내죠?

_만 _쾌 _콩
Mạnh khỏe không?

A1 네, 잘 지내요.

_벙 _{또이} _쾌
Vâng, tôi khỏe.

A2 그럭저럭 지내요.

_{또이} _빈 _{트엉}
Tôi bình thường.

A3 아니요, 잘 못 지내요.

_콩 _{또이} _콩 _쾌
Không, tôi không khỏe.

Words

mạnh khỏe(만 쾌) 잘 지내다 / **vâng**(벙) 네, 예 / **tôi**(또이) 나, 저 /
khỏe(쾌) 좋다 / **bình thường**(빈 트엉) 그럭저럭 /
không(콩) 아니요 (부정을 나타낼 때 쓰임)

Q43 우리 한 번 만날까요?

풍 따 갑 나우
Chúng ta gặp nhau
못 런 드억 콩
1 lần được không?

A1 생각해 볼게요.

또이 새 쉬 응이
Tôi sẽ suy nghĩ.

A2 네, 그럼요.

벙 떡 니엔 로이
Vâng, tất nhiên rồi.

A3 이번 주에 바빠서요.

뚜언 나이 또이 번
Tuần này, tôi bận.

Words

chúng ta(쭝 따) 우리 / gặp nhau(갑 나우) 만나다 / 1 lần(못 런) 한 번 /
được(드억) 되다, 괜찮다 / không(콩) 의문 표현 (뜻이 없이 쓰임) /
sẽ(새) ~게요 / suy nghĩ(쉬 응이) 생각하다 / vâng(벙) 네, 예 /
tất nhiên rồi(떡 니엔로이) 그럼요 / tuần này(뚜언 나이) 이번 주 / bận(번) 바쁘다

언제쯤 도착하나요?

^쾅 ^{바오} ^져 ^덴
Khoảng bao giờ đến?

A1 잠시 후에 도착해요.

^못 ^쭉 ^{사우} ^덴
Một chút sau đến.

A2 10분 후에 도착해요.

^{므어이 풋} ^{사우} ^덴
10 phút sau đến.

A3 1시간 후에 도착해요.

^못 ^{띠엥} ^{사우} ^덴
Một tiếng sau đến.

Words

khoảng*(쾅)* 쯤 / bao giờ*(바오 져)* 언제 / đến*(덴)* 도착하다 /
một chút*(못 쭉)* 잠시 / sau*(사우)* 후에 / 10, mười*(므어이)* 십, 열 /
phút*(풋)* 분 / 1, một*(못)* 일, 하나 / tiếng*(띠엥)* 시간

 Q45 **미안해요. 좀 늦을 것 같아요.**

씬 로이 새 덴 허이 무온
Xin lỗi, sẽ đến hơi muộn.

A1 알겠어요.

또이 비엘
Tôi biết.

A2 기다릴게요.

또이 새 더이
Tôi sẽ đợi.

A3 천천히 오세요.

씬 뜨 뜨 덴
Xin từ từ đến.

Words **xin lỗi**(씬 로이) 미안하다 / **sẽ**(새) 미래 / **đến**(덴) 도착하다, 오다 /
hơi(허이) 좀 / **muộn**(무온) 늦다 / **biết**(비엘) 알다 / **đợi**(더이) 기다리다 /
xin(씬) ~주세요 / **từ từ**(뜨 뜨) 천천히

Q46 **김민우 씨 거기 계세요?**

김 민 우
Kim Min Woo

꼬 어 도 콩
có ở đó không?

A1 김민우 씨는 여기 없어요.

김 민 우 콩 꼬 어 더이
Kim Min Woo không có ở đây.

A2 김민우 씨는 외출 중이에요.

김 민 우 디 방
Kim Min Woo đi vắng.

A3 잠깐 기다려 주세요.

씬 더이 못 쭉
Xin đợi một chút.

Words

có(꼬) 계시다 / **ở đó**(어 도) 거기 / **ở đây**(어 더이) 여기 /
đi vắng(디 방) 외출 중이다 / **xin đợi**(씬 더이) 기다려 주다 /
một chút(못 쭉) 잠시, 잠깐

Q47 민우 씨 좀 바꿔 주시겠어요?

_씬 _{쭈엔} _쪼 _민 _우
Xin chuyển cho Min Woo?

A1 잠깐만 기다려 주세요.

_씬 _{더이} _못 _쭉
Xin đợi một chút.

A2 잘 안 들리네요.

_콩 _{응애} _로
Không nghe rõ.

A3 크게 말씀해 주시겠어요.

_씬 _{노이} _또
Xin nói to.

Words

xin(씬) ~주세요 / **chuyển cho**(쭈엔 쪼) 바꾸다 /
xin đợi(씬 더이) 기다려 주다 / **một chút**(못 쭉) 잠시, 잠깐 /
nghe(응애) 들리다 / **rõ**(로) 잘 / **nói**(노이) 말씀하다 / **to**(또) 크다

언제 전화할 수 있나요?

키 나오 꼬 테 디엔 타이
Khi nào có thể điện thoại?

A1 언제든지 좋아요.

박 끄 룩 나오 꿍 드억
Bất cứ lúc nào cũng được.

A2 나중에 다시 걸게요.

또이 새 고이 라이 사우
Tôi sẽ gọi lại sau.

A3 오후에 괜찮아요.

부오이 찌에우 드억
Buổi chiều được.

Words

khi nào(*키 나오*) 언제 / có thể(*꼬 테*) ~수 있다 / điện thoại(*디엔 타이*) 전화하다 /
bất cứ lúc nào cũng(*박 끄 룩 나오 꿍*) 언제든지 / được(*드억*) 좋다, 괜찮다 / sẽ(*새*) ~게요 /
gọi(*고이*) 걸다 / lại(*라이*) 다시 / sau(*사우*) 나중에 / buổi chiều(*부오이 찌에우*) 오후

Q49 전화번호 알려 주시겠어요?

씬 쪼 비엩 소 디엔 톼이
Xin cho biết số điện thoại?

A1 전화가 없어요.

또이 콩 꼬 디엔 톼이
Tôi không có điện thoại.

- -

A2 문자로 보낼게요.

또이 새 거이 띤
Tôi sẽ gởi tin.

- -

A3 여기 제 전화번호예요.

더이 라 소 디엔 톼이 꾸아 또이
Đây là số điện thoại của tôi.

Words

cho biết(쪼 비엩) 알려 주다 / **số**(소) 번호 / **điện thoại**(디엔 톼이) 전화 /
không có(콩 꼬) 없다 / **sẽ**(새) ~게요 / **gởi**(거이) 보내다 / **tin**(띤) 문자 /
đây là(더이 라) 여기 / **của tôi**(꾸아 또이) 제

여보세요, 누구세요?

아 로 아이 도
A lô, ai đó?

A1 저예요.

또이 더이
Tôi đây.

A2 민우 친구인데요.

반 꾸아 민 우
Bạn của Min Woo.

A3 민우 씨와 통화하고 싶어요.

또이 무온 디엔 타이 버이 민 우
Tôi muốn điện thoại với Min Woo.

Words

a lô(아 로) 여보세요 / ai đó(아이 도) 누구세요 / tôi(또이) 나, 저 / bạn(반) 친구 /
của(꾸아) ~의 / muốn(무온) ~고 싶다 / điện thoại(디엔 타이) 통화하다 /
với(버이) ~와

Q51 영화를 자주 보나요?
트엉 쌤 핌 콩
Thường xem phim không?

A1 가끔 봐요.
틴 토앙 쌤
Thỉnh thoảng xem.

A2 한 달에 한 번쯤 봐요.
쾅 못 탕 못 런
Khoảng 1 tháng 1 lần.

A3 영화를 좋아하지 않아요.
또이 콩 팃 핌
Tôi không thích phim.

Words

thường(트엉) 자주 / xem(쌤) 보다 / phim(핌) 영화 /

thỉnh thoảng(틴 토앙) 가끔 / khoảng(쾅) 쯤 / 1 tháng(못 탕) 한 달 /

1 lần(못 런) 한 번 / không thích(콩 팃) 좋아하지 않다

Q52 어떤 영화를 좋아하나요?

틧 핌 나오
Thích phim nào?

A1 액션 영화를 좋아해요.

틧 핌 한 동
Thích phim hành động.

A2 미국 영화를 좋아해요.

틧 핌 미
Thích phim Mĩ.

A3 애니메이션 영화를 좋아해요.

틧 핌 확 힌
Thích phim hoạt hình.

Words

thích(틧) 좋아하다 / phim(핌) 영화 / nào(나오) 어떤 /
hành động(한 동) 액션 / Mĩ(미) 미국 / hoạt hình(확 힌) 애니메이션

Q53 오늘 볼 만한 재미있는
영화가 있나요?

_홈 _{나이} _꼬 _핌 _{하이} _콩
Hôm nay có phim hay không?

A1 가서 봐요!

_디 _덴 _마 _쌤
Đi đến mà xem!

A2 있을 거예요.

_짝 _꼬 _마
Chắc có mà.

A3 저도 잘 모르겠네요.

_{또이} _꿍 _콩 _{비엘} _로
Tôi cũng không biết rõ.

Words

hôm nay(홈 나이) 오늘 / **có**(꼬) 있다 / **phim**(핌) 영화 / **hay**(하이) 재미있다 /
đi(디) 가다 / **mà**(마) 의미 없이 쓰는 말 / **xem**(쌤) 보다 / **chắc**(짝) 아마 /
cũng(꿍) 역시, 또한 / **không biết**(콩 비엘) 모르다 / **rõ**(로) 잘

Q54 이 영화는
몇 시간 상영하나요?

핌 나이 찌에우 머이 띠엥
Phim này chiếu mấy tiếng?

A1 2시간 걸리네요.

먹 하이 띠엥
Mất 2 tiếng.

A2 120분짜리 영화예요.

핌 못드람하이므어이 풋
Phim 120 phút.

A3 1시간 30분이에요.

못 띠엥 바므어이 풋
1 tiếng 30 phút.

Words

phim(핌) 영화 / **này**(나이) 이 / **chiếu**(찌에우) 상영 / **mấy**(머이) 몇 /
tiếng(띠엥) 시간 / **mất**(먹) 걸리다 / **2, hai**(하이) 이, 둘 /
120, một trăm hai mươi(못 드람 하이 므어이) 백이십 / **phút**(풋) 분 /
1, một(못) 일, 하나 / **30, ba mươi**(바 므어이) 삼십, 서른

Scene #3 영화

Q55 이 영화의 내용이 괜찮아요?

노이 중 핌
Nội dung phim

나이 드억 콩
này được không?

A1 이 영화 재미있어요.

핌 나이 하이
Phim này hay.

A2 괜찮아요.

꿍 드억
Cũng được.

A3 저는 못 봤어요.

또이 쯔아 샘
Tôi chưa xem.

Words

nội dung(노이 중) 내용 / phim(핌) 영화 / này(나이) 이 / được(드억) 괜찮다 /
hay(하이) 재미있다 / cũng được(꿍 드억) 그런대로 괜찮다 /
chưa(쯔아) 못 / xem(쌤) 보다

Q56 오늘이 몇 월 며칠이죠?

_홈 _{나이} _라
Hôm nay là
_{응아이} _{머이} _탕 _{머이}
ngày mấy tháng mấy?

A1 10월 8일이요.

_{응아이} _땀 _탕 _{므어이}
Ngày 8 tháng 10.

A2 5월 11일이에요.

_라 _{응아이} _{므어이못} _탕 _남
Là ngày 11 tháng 5.

A3 오늘은 9월 2일이에요.

_홈 _{나이} _라 _{응아이} _{하이} _탕 _찐
Hôm nay là ngày 2 tháng 9.

Words

hôm nay(홈 나이) 오늘 / là(라) ~이다 / ngày(응아이) 일 / mấy(머이) 몇 /
tháng(탕) 월 / ngày mấy(응아이 머이) 며칠 / 8, tám(땀) 팔, 여덟 /
10, mười(므어이) 십, 열 / 11, mười một(므어이 못) 십일, 열하나 /
5, năm(남) 오, 다섯 / 2, hai(하이) 이, 둘 / 9, chín(찐) 구, 아홉

Q57 **오늘이 무슨 요일이죠?**

홈   나이   라 트   머이
Hôm nay là thứ mấy?

A1 월요일이요.

트   하이
Thứ hai.

A2 오늘은 수요일이에요.

홈   나이   라 트   뜨
Hôm nay là thứ tư.

A3 오늘은 목요일이에요.

홈   나이   라 트   남
Hôm nay là thứ năm.

Words **hôm nay**(홈 나이) 오늘 / **là**(라) ~이다 / **thứ**(트) 요일 / **mấy**(머이) 무슨 /
thứ hai(트 하이) 월요일 / **thứ tư**(트 뜨) 수요일 / **thứ năm**(트 남) 목요일

Q58 **몇 월이죠?**

탕   머이
Tháng mấy?

A1 1월이에요.

탕   못
Tháng một.

A2 2월이에요.

탕   하이
Tháng hai.

A3 12월이에요.

탕   므어이   하이
Tháng mười hai.

Words | **tháng**(탕) 월 / **mấy**(머이) 몇 / **tháng một**(탕 못) 1월 /
tháng hai(탕 하이) 2월 / **tháng mười hai**(탕 므어이 하이) 12월

 몇 년이죠?

남　　　바오　　　니에우
Năm bao nhiêu?

A1 1975년이에요.

남　　　　　못 응인 찐 드람 바이 므어이 람
Năm 1975.

A2 2014년이에요.

남　　　　하이 응인 므어이 본
Năm 2014.

A3 2015년이에요.

남　　　　하이 응인 므어이 람
Năm 2015.

Words

năm(남) 년 / mấy(머이), bao nhiêu(바오 니에우) 몇 /
1000, một nghìn(못 응인) 천 / 900, chín trăm(찐 드람) 구백 /
75, bảy mươi lăm(바이 므어이 람) 칠십오 / 2000, hai nghìn(하이 응인) 이천 /
14, mười bốn(므어이 본) 십사, 열넷 / 15, mười lăm(므어이 람) 십오, 열다섯

월요일이 며칠이죠?

트 하이 라 응아이 머이
Thứ hai là ngày mấy?

A1 12월 1일이에요.

응아이 못 탕 므어이 하이
Ngày 1 tháng 12.

A2 월요일이 12월 1일이에요.

트 하이 라 응아이 못 탕 므어이 하이
Thứ hai là ngày 1 tháng 12.

A3 월요일이 1일이네요.

트 하이 라 응아이 못
Thứ hai là ngày 1.

Words

thứ hai(트 하이) 월요일 / **là**(라) ~이다 / **ngày mấy**(응아이 머이) 며칠 /
tháng mười hai(탕 므어이 하이) 12월 / **tháng**(탕) 월 /
ngày một(응아이 못) 1일 / **ngày**(응아이) 일

 토요일에 근무하나요?

_람 _{비엘} _{바오}
Làm việc vào
_트 _{바이} _콩
thứ bảy không?

A1 토요일에 근무하지 않아요.

_{또이} _콩 _람 _{비엘} _{바오} _트 _{바이}
Tôi không làm việc vào thứ bảy.

A2 토요일에 회사에 나가요.

_트 _{바이} _{또이} _디 _람
Thứ bảy tôi đi làm.

A3 토요일은 쉬게 되어 있어요.

_트 _{바이} _{또이} _{드억} _{응이}
Thứ bảy tôi được nghỉ.

Words
làm việc(람 비엘) 근무하다 / **vào**(바오) ~에 / **thứ bảy**(트 바이) 토요일 /
không làm việc(콩 람 비엘) 근무하지 않다 / **đi làm**(디 람) 회사 가다 /
có thể(꼬 테) ~수 있다 / **nghỉ**(응이) 쉬다

토요일에 학교 가나요?

트 바이 디 혹 콩
Thứ bảy đi học không?

A1 토요일에 학교 안 가요.

트 바이 콩 디 혹
Thứ bảy không đi học.

A2 토요일에 쉬어요.

트 바이 응이
Thứ bảy nghỉ.

A3 토요일에는 집에 있어요.

트 바이 어 냐
Thứ bảy ở nhà.

Words

thứ bảy(트 바이) 토요일 / **đi học**(디 혹) 학교 가다 / **không**(콩) 안 /
nghỉ(응이) 쉬다 / **ở**(어) ~에 / **nhà**(냐) 집

 음악을 좋아하나요?

틧　　　엄　　낙　　　콩
Thích âm nhạc không?

A1 좋아해요.

또이　틧
Tôi thích.

A2 좋아하지 않아요.

또이　콩　　　틧
Tôi không thích.

A3 보통이에요.

빈　　트엉
Bình thường.

Words thích(틧) 좋아하다 / âm nhạc(엄 낙) 음악 /
không thích(콩 틧) 좋아하지 않다 / bình thường(빈 트엉) 보통

어떤 음악을 좋아하나요?

_틧   _{롸이}   _낙   _{나오}
Thích loại nhạc nào?

A1   다 좋아해요.

_틧   _떡   _까
Thích tất cả.

A2   대중가요를 좋아해요.

_틧   _까   _쿡   _{다이}   _쭝
Thích ca khúc đại chúng.

A3   고전음악을 좋아해요.

_틧   _낙   _꼬   _{디엔}
Thích nhạc cổ điển.

Words

thích(틧) 좋아하다 / **loại**(롸이) 종류 / **nhạc**(낙) 음악 / **nào**(나오) 어떤 /
tất cả(떡 까) 전체의, 모두 / **ca khúc**(까 쿡) 가요 / **đại chúng**(다이 쭝) 대중 /
cổ điển(꼬 디엔) 고전

 Q65 **음악회에 가 본 적 있나요?**

등 디 쌤
Từng đi xem
부오이 화 낙 쯔아
buổi hòa nhạc chưa?

A1 없어요.
쯔아
Chưa.

A2 있어요.
로이
Rồi.

A3 여러 번 가 봤어요.
등 디 바이 런
Từng đi vài lần.

Words	**từng đi xem**(등 디 쌤) 가 본 적 있다 / **buổi hòa nhạc**(부오이 화 낙) 음악회 / **chưa**(쯔아) 과거 의문 표현, 부정의 표현 / **rồi**(로이) 이미, 벌써 / **từng**(등) ~한 적이 있다 / **đi**(디) 가다 / **vài**(바이) 여러 / **lần**(런) 번

Q66 보통 언제 음악을 들어요?

트엉 응애 냑 키 나오
Thường nghe nhạc khi nào?

A1 피곤할 때 들어요.

응애 키 멧
Nghe khi mệt.

A2 시간이 있을 때 들어요.

응애 키 꼬 터이 쟌
Nghe khi có thời gian.

A3 지하철을 탈 때 들어요.

응애 키 디 따우 디엔
Nghe khi đi tàu điện.

Words

thường(트엉) 보통 / nghe(응애) 듣다 / nhạc(냑) 음악 /
khi nào(키 나오) 언제 / khi(키) 때 / mệt(멧) 피곤하다 / có(꼬) 있다 /
thời gian(터이 쟌) 시간 / tàu điện(따우 디엔) 지하철 /
đi tàu điện(디 따우 디엔) 지하철을 타다

 친구와 자주 만나나요?
_{트엉} _갑 _반 _콩
Thường gặp bạn không?

A1 가끔 만나요.
_틴 _{토앙} _갑
Thỉnh thoảng gặp.

A2 행사 있을 때 만나요.
_갑 _키 _꼬 _레 _{호이}
Gặp khi có lễ hội.

A3 일주일에 한 번쯤 만나요.
_갑 _못 _{뚜언} _못 _런
Gặp 1 tuần 1 lần.

Words

thường(트엉) 자주 / **gặp**(갑) 만나다 / **bạn**(반) 친구 /

thỉnh thoảng(틴 토앙) 가끔 / **khi**(키) 때 / **có**(꼬) 있다 / **lễ hội**(레 호이) 행사 /

1, một(못) 일, 하나 / **tuần**(뚜언) 주일 / **lần**(런) 번

친구와 자주 통화하나요?

트엉 디엔 타이
Thường điện thoại
버이 반 콩
với bạn không?

A1 친구와 자주 통화해요.

트엉 디엔 타이 버이 반
Thường điện thoại với bạn.

A2 자주 통화하지 않아요.

트엉 콩 디엔 타이
Thường không điện thoại.

A3 요즘은 바빠서 자주 통화 못해요.

자오 나이 또이 반 트엉 콩
Dạo này tôi bận thường không
디엔 타이
điện thoại.

Words

thường(트엉) 자주 / điện thoại(디엔 타이) 통화하다 / với(버이) ~와 /
bạn(반) 친구 / không điện thoại(콩 디엔 타이) 통화하지 않다 /
dạo này(자오 나이) 요즘 / bận(반) 바쁘다

 Q69 **보통 어디서 친구를 만나요?**

트엉　　　갑　　반　어　더우
Thường gặp bạn ở đâu?

A1 커피숍에서 만나요.

갑　　어　꾸안　　까　페
Gặp ở quán cà phê.

A2 주로 식당에서 만나요.

트엉　　　어　꾸안　　안
Thường ở quán ăn.

A3 영화관에서 만나요.

갑　어　랍　찌에우　핌
Gặp ở rạp chiếu phim.

Words

thường(트엉) 보통, 주로 / **gặp**(갑) 만나다 / **bạn**(반) 친구 / **ở**(어) ~에서 /
đâu(더우) 어디 / **quán cà phê**(꾸안 까 페) 커피숍 / **quán ăn**(꾸안 안) 식당 /
rạp chiếu phim(랍 찌에우 핌) 영화관

왜 그 친구를 좋아하나요?

사오　　　틧　　　반　　　아이
Sao thích bạn ấy?

A1 좋은 사람이에요.

라　　응어이　　돈
Là người tốt.

A2 재미있는 사람이에요.

라　　응어이　　부이　배
Là người vui vẻ.

A3 착한 사람이에요.

라　　응어이　　히엔
Là người hiền.

Words　sao(사오) 왜 / thích(틧) 좋아하다 / bạn(반) 친구 / ấy(아이) 그 /
là(라) ~이다 / người(응어이) 사람 / tốt(돈) 좋다 / vui vẻ(부이 배) 재미있다 /
hiền(히엔) 착하다

 친구와 함께 오나요?
덴 꿍 버이 반 콩
Đến cùng với bạn không?

A1 네, 친구와 함께 가요.
벙 반 꿍 디
Vâng, bạn cùng đi.

A2 친구와 함께 가지 않아요.
반 콩 디 꿍
Bạn không đi cùng.

A3 혼자서 가요.
디 못 민
Đi một mình.

Words	**đến**(덴) 오다 / **cùng**(꿍) 함께 / **với**(버이) ~와 / **bạn**(반) 친구 / **vâng**(벙) 네, 예 / **đi**(디) 가다 / **không đi**(콩 디) 가지 않다 / **một mình**(못 민) 혼자서

Q72 **어디에서 만날까요?**

_새 _갑 _어 _{더우}
Sẽ gặp ở đâu?

A1 서울역에서 만나요.

_갑 _어 _가 _{서울}
Gặp ở ga Seoul.

A2 마트 앞에서 기다릴게요.

_{또이} _새 _{더이} _{드럭} _{시에우} _티
Tôi sẽ đợi trước siêu thị.

A3 아무 데서나 만나요.

_갑 _쪼 _{나오} _꿍 _{드억}
Gặp chỗ nào cũng được.

Words

sẽ(새) 미래 / **gặp**(갑) 만나다 / **ở**(어) ~에서 / **đâu**(더우) 어디 / **ga**(가) 역 /
đợi(더이) 기다리다 / **trước**(드럭) 앞 / **siêu thị**(시에우 티) 마트 /
chỗ nào cũng được(쪼 나오 꿍 드억) 아무 데서나

Q73 거기가 어디예요?

도 라 어 더우
Đó là ở đâu?

A1 여기는 공원이에요.

어 다이 라 꽁 비엔
Ở đây là công viên.

A2 여기는 시장이에요.

어 다이 라 쩌
Ở đây là chợ.

A3 병원 앞이에요.

드럭 벤 비엔
Trước bệnh viện.

Words | đó(도) 거기 / là(라) ~이다 / ở đâu(어 더우) 어디 / ở đây(어 다이) 여기 /
công viên(꽁 비엔) 공원 / chợ(쩌) 시장 / trước(드럭) 앞 /
bệnh viện(벤 비엔) 병원

Q74 ## 하노이 영화관을 알아요?

비엘 랍 찌에우 핌
Biết rạp chiếu phim
하 노이 콩
Hà Nội không?

A1 네, 걱정하지 마세요.

벙 씬 등 로 랑
Vâng, xin đừng lo lắng.

A2 아니요, 몰라요.

콩 콩 비엘
Không, không biết.

A3 하노이 영화관을 알아요.

또이 비엘 랍 찌에우 핌 나이
Tôi biết rạp chiếu phim này.

Words

biết(비엘) 알다 / rạp chiếu phim(랍 찌에우 핌) 영화관 /
Hà Nội(하 노이) 하노이 / vâng(벙) 네, 예 / xin đừng(씬 등) ~하지 마세요 /
lo lắng(로 랑) 걱정하다 / không(콩) 아니요 / không biết(콩 비엘) 모르다 /
này(나이) 이, 대명사

Q75 **은행에서 기다려도 될까요?**

더이 어 응언 항
Đợi ở ngân hàng

드억 콩
được không?

A1 거기로 갈게요.

또이 새 디 덴 도
Tôi sẽ đi đến đó.

A2 네, 금방 갈게요.

벙 또이 디 덴 응아이
Vâng, tôi đi đến ngay.

A3 네, 은행 앞에서 기다리세요.

벙 씬 더이 드럭 응언 항
Vâng, xin đợi trước ngân hàng.

Words

đợi(더이) 기다리다 / **ở**(어) ~에서 / **ngân hàng**(응언 항) 은행 /
được(드억) 되다 / **sẽ**(새) ~할 것이다 / **đi đến**(디 덴) ~로 가다 / **đó**(도) 거기 /
vâng(벙) 네, 예 / **ngay**(응아이) 금방 / **xin**(씬) ~세요 / **trước**(드럭) 앞

Q76 **저와 함께 영화 보실래요?**

^꼬 ^테 ^쌤 ^핌
Có thể xem phim
^꿍 ^{버이} ^{또이} ^콩
cùng với tôi không?

A1 나중에 시간 나면 전화할게요.

^{또이} ^새 ^{디엔} ^{톼이} ^{사우} ^{네우} ^꼬 ^{터이} ^쟌
Tôi sẽ điện thoại sau nếu có thời gian.

A2 네, 그런데 이번 주는 안 돼요.

^벙 ^능 ^{뚜언} ^{나이} ^콩 ^{드억}
Vâng, nhưng tuần này không được.

A3 다음 주라면 괜찮아요.

^{뚜언} ^{사우} ^{드억}
Tuần sau được.

Words

có thể(꼬 테) 가능하다 / xem phim(쌤 핌) 영화를 보다 / cùng(꿍) 함께 /
với(버이) ~와 / sẽ(새) 미래 / điện thoại(디엔 톼이) 통화하다 /
sau(사우) 나중에, 다음 / nếu(네우) ~면 / có(꼬) 있다 / thời gian(터이 쟌) 시간 /
nhưng(능) 그런데 / tuần này(뚜언 나이) 이번 주 / được(드억) 괜찮다 /
không được(콩 드억) 안 되다 / tuần sau(뚜언 사우) 다음 주

 저와 함께 가실래요?

새 디 꽁 또이 콩
Sẽ đi cùng tôi không?

A1 혼자서 갈 수 있어요.

또이 꼬 테 디 못 민
Tôi có thể đi một mình.

A2 지금 일하고 있어요.

바이 저 당 람 비엘
Bây giờ đang làm việc.

A3 모두 같이 가요.

떡 까 꽁 디
Tất cả cùng đi.

Words

sẽ(새) ∼ㄹ까요 / **đi**(디) 가다 / **cùng**(꽁) 함께, 같이 / **có thể**(꼬 테) ∼수 있다 (가능하다) / **một mình**(못 민) 혼자서 / **bây giờ**(바이 저) 지금 / **đang**(당) ∼고 있다 / **làm việc**(람 비엘) 일하다 / **tất cả**(떡 까) 모두

Q78 **여기까지 무슨 일로 왔나요?**

덴　더이　데　람　지
Đến đây để làm gì?

A1 친구를 만나러 왔어요.

덴　데　갑　반
Đến để gặp bạn.

A2 구경하고 싶어서요.

무온　탐　꾸안
Muốn tham quan.

A3 한국어를 공부하러 왔어요.

덴　데　혹　띠엥　한
Đến để học tiếng Hàn.

Words

đến(덴) 오다 / **đây**(더이) 여기 / **để làm gì**(데 람 지) 무슨 일로 /
để(데) ~러 / **gặp**(갑) 만나다 / **bạn**(반) 친구 / **muốn**(무온) ~하고 싶다 (원하다) /
tham quan(탐 꾸안) 구경하다 / **học**(혹) 공부하다 / **tiếng Hàn**(띠엥 한) 한국어

Q79 끝나고 어디로 가나요?

겟 툭 티 디 더우
Kết thúc thì đi đâu?

A1 집에 돌아가요.

디 베 냐
Đi về nhà.

A2 학원에 가요.

디 드룽 떰 혹
Đi trung tâm học.

A3 수영장에 가요.

디 호 버이
Đi hồ bơi.

Words

kết thúc(겟 툭) 끝나다 / **thì**(티), **và**(바) ~고 / **đi**(디) 가다 / **đâu**(더우) 어디 /
đi về(디 베) 돌아가다 / **nhà**(냐) 집 / **trung tâm học**(드룽 떰 혹) 학원 /
hồ bơi(호 버이) 수영장

거기까지 뭐 타고 가요?

Đến đó đi bằng gì?
덴 도 디 방 지

A1 지하철을 타고 가면 더 빨라요.

Đi tàu điện nhanh hơn.
디 따우 디엔 냔 헌

A2 택시를 타세요.

Xin đi tắc xi.
씬 디 딱 씨

A3 버스를 타고 가는 것이 더 편해요.

Đi xe buýt tiện hơn.
디 쌔 빗 띠엔 헌

Words

đến(덴) 까지 / đó(도) 거기 / đi(디) 타고 가다 / bằng gì(방 지) 무엇으로 /
tàu điện(따우 디엔) 지하철 / nhanh(냔) 빠르다 / hơn(헌) 더 / xin(씬) ~세요 /
tắc xi(딱 씨) 택시 / xe buýt(쌔 빗) 버스 / tiện(띠엔) 편하다

 걸어서 얼마나 걸려요?

디 보 먹 바오 러우
Đi bộ mất bao lâu?

A1 15분쯤 걸려요.

먹 쾅 므어이 람 풋
Mất khoảng 15 phút.

A2 매우 멀어요.

싸 람
Xa lắm.

A3 50미터쯤 돼요.

쾅 남 므어이 맷
Khoảng 50 mét.

Words	**đi bộ**(디 보) 걷다 / **mất**(먹) 걸리다 / **bao lâu**(바오 러우) 얼마나 / **khoảng**(쾅) 쯤 / **15, mười lăm**(므어이 람) 십오, 열다섯 / **phút**(풋) 분 / **xa**(싸) 멀다 / **lắm**(람) 매우 / **50, năm mươi**(남 므어이) 오십, 쉰 / **mét**(맷) 미터

버스를 타고 갈 수 있나요?

꼬 테 디 쌔 빗 콩
Có thể đi xe buýt không?

A1 여기는 버스가 없어요.

어 더이 콩 꼬 쌔 빗
Ở đây không có xe buýt.

A2 택시를 타면 더 편해요.

디 방 딱 씨 띠엔 헌
Đi bằng tắc xi tiện hơn.

A3 네, 버스로 갈 수 있어요.

벙 꼬 테 디 씨 빗
Vâng, có thể đi xe buýt.

Words

có thể đi(꼬 테 디) 타고 갈 수 있다 / **xe buýt**(쌔 빗) 버스 /
ở đây(어 더이) 여기 / **không có**(콩 꼬) 없다 / **đi**(디) 타고 가다 /
bằng(방) ~로 (교통수단) / **tắc xi**(딱 씨) 택시 / **tiện**(띠엔) 편하다 /
hơn(헌) 더 / **vâng**(벙) 네, 예 / **có thể**(꼬 테) ~수 있다

 Q83 **어떤 음식을 좋아하나요?**

틧 특 안 나오
Thích thức ăn nào?

A1 매운 음식을 좋아해요.

틧 특 안 까이
Thích thức ăn cay.

A2 기름기 없는 음식을 좋아해요.

틧 특 안 콩 꼬 저우
Thích thức ăn không có dầu.

A3 야채나 과일을 좋아해요.

틧 라우 화 꾸아
Thích rau, hoa quả.

Words	thích(틧) 좋아하다 / thức ăn(특 안) 음식 / nào(나오) 어떤 / cay(까이) 맵다 / không có(콩 꼬) 없다 / dầu(저우) 기름 / rau(라우) 야채 / hoa quả(화 꾸아) 과일

Q84 **매운 음식을 좋아하나요?**

틷 특 안 까이 콩
Thích thức ăn cay không?

A1 매운 음식을 못 먹어요.

또이 콩 테 안 까이
Tôi không thể ăn cay.

A2 매운 음식을 잘 먹어요.

또이 꼬 테 안 까이
Tôi có thể ăn cay.

A3 조금은 먹을 수 있어요.

꼬 테 안 못 쭉
Có thể ăn một chút.

Words

thích(틷) 좋아하다 / **thức ăn**(특 안) 음식 / **cay**(까이) 맵다 / **ăn**(안) 먹다 /
không thể ăn(콩 테 안) 먹을 수 없다 / **có thể ăn**(꼬 테 안) 먹을 수 있다 /
một chút(못 쭉) 조금

Q85 어떤 음식을 못 먹나요?

_콩 _테 _안 _특 _안 _{나오}
Không thể ăn thức ăn nào?

A1 매운 음식을 못 먹어요.

_콩 _테 _안 _특 _안 _{까이}
Không thể ăn thức ăn cay.

A2 향이 강한 야채를 못 먹어요.

_콩 _테 _안 _{라우} _{무이}
Không thể ăn rau mùi.

A3 양고기를 못 먹어요.

_콩 _테 _안 _틱 _{끄우}
Không thể ăn thịt cừu.

Words | không thể(콩 테) 못 / ăn(안) 먹다 / thức ăn(특 안) 음식 / nào(나오) 어떤 /
cay(까이) 맵다 / rau(라우) 야채 / mùi(무이) 향 / thịt cừu(틱 끄우) 양고기

김치를 먹을 수 있나요?

꼬 테 안 김 치 콩
Có thể ăn kim chi không?

A1 네, 정말 맛있어요.

벙 럭 응온
Vâng, rất ngon.

A2 김치를 좋아해요.

또이 팃 김 치
Tôi thích kim chi.

A3 김치를 먹을 수 있어요.

또이 꼬 테 안 김 치
Tôi có thể ăn kim chi.

Words

có thể(꼬 테) ~수 있다 / **ăn**(안) 먹다 / **vâng**(벙) 네, 예 / **rất**(럭) 정말 / **ngon**(응온) 맛있다 / **thích**(팃) 좋아하다

Q87 **한국 음식은 어떤가요?**

특 안 한 꾸옥
Thức ăn Hàn Quốc

테 나오
thế nào?

A1 한국 음식을 좋아해요.

또이 틷 특 안 한 꾸옥
Tôi thích thức ăn Hàn Quốc.

A2 비빔밥을 좋아해요.

또이 틷 껌 드론
Tôi thích cơm trộn.

A3 맵지만 맛있어요.

까이 늉 응온
Cay nhưng ngon.

Words	**thức ăn**(특 안) 음식 / **Hàn Quốc**(한 꾸옥) 한국 / **thế nào**(테 나오) 어떤가요? / **thích**(틷) 좋아하다 / **cơm**(껌) 밥 / **trộn**(드론) 비비다 / **cay**(까이) 맵다 / **nhưng**(능) ~지만 / **ngon**(응온) 맛있다

Q88 ## 근처에 호텔이 있나요?

꼬 칵 산
Có khách sạn
건 더이 콩
gần đây không?

A1 ### 이 길로 직진하세요.

디 탕 드엉 나이
Đi thẳng đường này.

A2 ### 오른쪽에 있어요.

꾸애오 파이 꼬
Quẹo phải có.

A3 ### 곧장 가면 왼쪽에 있어요.

디 탕 꾸애오 드라이 꼬
Đi thẳng, quẹo trái có.

Words

có(꼬) 있다 / **khách sạn**(칵 산) 호텔 / **gần đây**(건 더이) 근처 /
đi thẳng(디 탕) 직진하다, 곧장 가다 / **đường này**(드엉 나이) 이 길 /
quẹo phải(꾸애오 파이) 오른쪽 / **quẹo trái**(꾸애오 드라이) 왼쪽

벤탄 시장을 어떻게 가죠?

디 쩌 벤 탄
Đi chợ Bến Thành

방 깍 나오
bằng cách nào?

A1 택시로 갈 수 있어요.

꼬 테 디 방 딱 씨
Có thể đi bằng tắc xi.

A2 자전거로 갈 수 있어요.

꼬 테 디 방 쌔 답
Có thể đi bằng xe đạp.

A3 오토바이로 갈 수 있어요.

꼬 테 디 방 쌔 마이
Có thể đi bằng xe máy.

Words

đi(디) 가다 / **chợ**(쩌) 시장 / **Bến Thành**(벤 탄) 벤탄 /
bằng cách nào(방 깍 나오) 어떻게 / **có thể đi**(꼬 테 디) 갈 수 있다 /
bằng(방) ~로 (교통수단) / **tắc xi**(딱 씨) 택시 / **xe đạp**(쌔 답) 자전거 /
xe máy(쌔 마이) 오토바이

Q90 여기서 거기까지 얼마나 걸려요?

뜨 더이 덴 도 먹 바오 싸
Từ đây đến đó mất bao xa?

A1 30분 걸려요.

먹 바 므어이 풋
Mất 30 phút.

A2 1시간 걸려요.

먹 못 저
Mất 1 giờ.

A3 15분 걸려요.

먹 므어이 람 풋
Mất 15 phút.

Words

đây*(더이)* 여기 / đó*(도)* 거기 / từ~đến~*(뜨~덴~)* ~에서 ~까지 /
mất*(먹)* 걸리다 / bao xa*(바오 싸)* 얼마나 / xa*(싸)* 멀다 /
30, ba mươi*(바 므어이)* 삼십, 서른 / phút*(풋)* 분 / 1, một*(못)* 일, 하나 /
giờ*(저)* 시간 / 15, mười lăm*(므어이 람)* 십오, 열다섯

실례지만, 가까운 마트를 아세요?

씬 로이 비엩 시에우 티
Xin lỗi, biết siêu thị

건 더이 콩
gần đây không?

A1 우체국 옆에 있어요.

벤 간 쁘우 디엔
Bên cạnh bưu điện.

A2 50미터 정도 직진하면 있어요.

디 탕 쾅 남 므어이 맽
Đi thẳng khoảng 50 mét.

A3 저기 사거리에 있어요.

어 응아 뜨 당 끼아
Ở ngã tư đằng kia.

Words

xin lỗi(씬 로이) 실례 / biết(비엩) 알다 / siêu thị(시에우 티) 마트 /
gần đây(건 더이) 가깝다 / bên cạnh(벤 깐) 옆 / bưu điện(쁘우 디엔) 우체국 /
đi thẳng(디 탕) 직진하다 / khoảng(쾅) 정도 /
50, năm mươi(남 므어이) 오십, 쉰 / mét(맽) 미터 / ở(어) ~에 있다 /
ngã tư(응아 뜨) 사거리 / đằng kia(당 끼아) 저기

Q92 약국은 어디에 있나요?

_{냐   투옥   어 더우}
Nhà thuốc ở đâu?

A1 100미터쯤 다시 돌아가세요.

_{디 응으억   라이 콸   못 드람 맷}
Đi ngược lại khoảng 100 mét.

A2 병원 근처에 있어요.

_{건   벤   비엔}
Gần bệnh viện.

A3 저기에 있어요.

_{어   당   끼아}
Ở đằng kia.

Words

nhà thuốc(냐 투옥) 약국 / ở đâu(어 더우) 어디 /
đi ngược lại(디 응으억 라이) 다시 돌아가다 / khoảng(콸) 쯤 /
100, một trăm(못 드람) 백 / mét(맷) 미터 / gần(건) 근처 /
bệnh viện(벤 비엔) 병원 / ở(어) ~에 있다 / đằng kia(당 끼아) 저기

**유명한 쌀국수 식당이
어디에 있나요?**

어 더우 꼬 꾸안 퍼 노이 띠엥
Ở đâu có quán phở nổi tiếng?

A1 이 근처에 아주 많아요.
건 더이 니에우 람
Gần đây nhiều lắm.

A2 저 호텔 근처에 있어요.
건 칵 산 당 끼아
Gần khách sạn đằng kia.

A3 저를 따라오세요.
디 태오 또이
Đi theo tôi.

Words

ở đâu(어 더우) 어디 / có(꼬) 있다 / quán(꾸안) 식당 / phở(퍼) 쌀국수 /
nổi tiếng(노이 띠엥) 유명하다 / gần(건), gần đây(건 더이) 근처 /
nhiều(니에우) 많이 / lắm(람) 매우, 아주 / khách sạn(칵 산) 호텔 /
đằng kia(당 끼아) 저 / theo(태오) 따라오다

Q94 **베트남의 날씨는 어때요?**

키 허우 비옡 남 테 나오
Khí hậu Việt Nam thế nào?

A1 아주 더워요.

럭 농
Rất nóng.

A2 비가 많이 와요.

므아 니에우
Mưa nhiều.

A3 북쪽은 사계절이 있어요.

미엔 박 꼬 본 무아
Miền Bắc có bốn mùa.

Words

khí hậu(키 허우) 날씨 / **Việt Nam**(비옡 남) 베트남 / **thế nào**(테 나오) 어때요 /
rất(럭) 아주 / **nóng**(농) 덥다 / **mưa**(므아) 비 / **nhiều**(니에우) 많이 /
miền Bắc(미엔 박) 북쪽 / **có**(꼬) 있다 / **bốn mùa**(본 무아) 사계절

Q95 # 오늘 날씨는 어때요?

터이   띠엣   홈   나이   테   나오
Thời tiết hôm nay thế nào?

A1 비가 많이 와요.

므아   니에우
Mưa nhiều.

A2 바람이 많이 불어요.

죠   토이   만
Gió thổi mạnh.

A3 좋네요. 아주 덥지는 않아요.

돋   콩   농   람
Tốt, không nóng lắm.

Words

thời tiết(터이 띠엣) 날씨 / hôm nay(홈 나이) 오늘 / thế nào(테 나오) 어때요 /
mưa(므아) 비 / nhiều(니에우), mạnh(만) 많이 / gió(죠) 바람 /
thổi(토이) 불다 / tốt(돋) 좋다, 좋은 / không nóng(콩 농) 덥지는 않다 / lắm(람) 아주

어제 날씨는 어땠어요?

터이 띠엣 홈 꾸아 테 나오
Thời tiết hôm qua thế nào?

A1 35도였어요.

바 므어이 람 도
35 độ.

A2 흐렸어요.

엄 우
Âm u.

A3 쌀쌀했어요.

허이 란
Hơi lạnh.

Words | **thời tiết**(터이 띠엣) 날씨 / **hôm qua**(홈 꾸아) 어제 / **thế nào**(테 나오) 어때 /
35, ba mươi lăm(바 므어이 람) 삼십오, 서른다섯 / **độ**(도) 도 /
âm u(엄 우) 흐리다 / **hơi lạnh**(허이 란) 쌀쌀하다

내일 날씨는 어떨까요?

터이 띠엣 응아이 마이 테 나오
Thời tiết ngày mai thế nào?

A1 모르겠어요.

또이 콩 비엗
Tôi không biết.

A2 더워진다고 해요.

새 농 헌
Sẽ nóng hơn.

A3 눈이 올 것 같아요.

꼬 래 뚜옛 러이
Có lẽ tuyết rơi.

Words

thời tiết(터이 띠엣) 날씨 / **ngày mai**(응아이 마이) 내일 / **thế nào**(테 나오) 어때 /
không biết(콩 비엗) 모르다 / **sẽ nóng hơn**(새 농 헌) 더워진다고 하다 /
có lẽ(꼬 래) ~것 같다 / **tuyết**(뚜옛) 눈 / **rơi**(러이) 오다

Scene #2 날씨

Q98 **베트남에는 사계절이 있나요?**

어 비엘 남
Ở Việt Nam
꼬 본 무아 콩
có bốn mùa không?

A1 북쪽에 사계절이 있어요.
미엔 박 꼬 본 무아
Miền Bắc có bốn mùa.

A2 남쪽에는 사계절이 없어요.
미엔 남 콩 꼬 본 무아
Miền Nam không có bốn mùa.

A3 남쪽에는 두 계절이 있어요.
미엔 남 꼬 하이 무아
Miền Nam có 2 mùa.

Words ở(어) ~에 / có(꼬) 있다 / bốn mùa(본 무아) 사계절 / miền Bắc(미엔 박) 북쪽 /
miền Nam(미엔 남) 남쪽 / không có(콩 꼬) 없다 / 2, hai(하이) 이, 둘

이거 얼마예요?

까이 나이 쟈 바오 니에우
Cái này giá bao nhiêu?

A1 5만 동이에요.

남 므어이 응인　　동
50 nghìn đồng.

A2 10만 동이에요.

못 드람　응인　　동
100 nghìn đồng.

A3 8만 5천 동이에요.

땀 므어이 람 응인　동
85 nghìn đồng.

Words	cái này(까이 나이) 이것 / giá bao nhiêu(쟈 바오 니에우) 얼마 /
	50 nghìn(남 므어이 응인) 5만 / **đồng**(동) 동(VND), 베트남 화폐 단위 /
	100 nghìn(못 드람 응인) 10만 / **85 nghìn**(땀 므어이 람 응인) 8만 5천

Q100 한국 라면 있나요?

^꼬 ^미 ^안 ^{리엔}
Có mì ăn liền
^한 ^{꾸옥} ^콩
Hàn Quốc không?

A1 네, 있어요.

^벙 ^꼬
Vâng, có.

A2 아니요, 없어요.

^콩 ^콩 ^꼬
Không, không có.

A3 다 떨어졌어요.

^다 ^헷 ^{로이}
Đã hết rồi.

Words
có(꼬) 있다 / mì ăn liền(미 안 리엔) 라면 / vâng(벙) 네, 예 /
không(콩) 아니요 / không có(콩 꼬) 없다 / hết(헷) 떨어지다 /
đã hết(다 헷) 떨어졌다 / rồi(로이) 이미

Q101 다른 종류가 있나요?

꼬 롸이 칵 콩
Có loại khác không?

A1 이것만 있어요.

찌 꼬 까이 나이
Chỉ có cái này.

A2 다른 종류도 있어요.

꼬 롸이 칵
Có loại khác.

A3 오늘은 없어요.

홈 나이 콩 꼬
Hôm nay không có.

Words

có(꼬) 있다 / loại(롸이) 종류 / khác(칵) 다른 / chỉ(찌) 만 /
cái này(까이 나이) 이거 / hôm nay(홈 나이) 오늘 / không có(콩 꼬) 없다

Q102 **좀 비싼데요?**
_{허이} _닥 _니
Hơi đắt nhỉ?

A1 안 비싸요.
_콩 _닥
Không đắt.

A2 이것이 아주 좋아요.
_{까이} _{나이} _돋 _람
Cái này tốt lắm.

A3 품질이 아주 좋아요.
_쩍 _{르엉} _돋 _람
Chất lượng tốt lắm.

Words

hơi~nhỉ(허이~니) 좀 / **đắt**(닥) 비싸다 /
không(콩) 아니오. 부정을 나타낼 때 쓰임 / **cái này**(까이 나이) 이것 /
chất lượng(쩍 르엉) 품질 / **tốt**(똗) 좋다 / **lắm**(람) 아주

Q103 공항까지 무엇으로 가나요?

디 방 지 덴 선 바이
Đi bằng gì đến sân bay?

A1 택시로 가요.

방 쌔 딱 씨
Bằng xe tắc xi.

A2 자동차로 가요.

방 쌔 오 또
Bằng xe ô tô.

A3 버스도 괜찮아요.

방 쌔 빗 꿍 드억
Bằng xe buýt cũng được.

Words
đi(디) 가다 / bằng(방) ~으로, 교통수단과 같이 쓰임 / gì(지) 무엇 /
sân bay(선 바이) 공항 / xe tắc xi(쌔 딱 씨) 택시 / xe ô tô(쌔 오 또) 자동차 /
xe buýt(쌔 빗) 버스 / cũng được(꿍 드억) ~도 괜찮다

Q104 # 어디로 가나요?
디 더우
Đi đâu?

A1 수상 시장에 가요.
디 쩌 노이
Đi chợ nổi.

A2 호텔에 가요.
디 칵 산
Đi khách sạn.

A3 우체국에 가요.
디 쁘우 디엔
Đi bưu điện.

Words
đi(디) 가다 / **đâu**(더우) 어디 / **chợ**(쩌) 시장 / **nổi**(노이) 수상 /
khách sạn(칵 산) 호텔 / **bưu điện**(쁘우 디엔) 우체국

Q105 어떻게 가나요?

디 테 나오
Đi thế nào?

A1 비행기로 가요.

디 방 마이 바이
Đi bằng máy bay.

A2 걸어가도 돼요.

디 보 꿍 드억
Đi bộ cũng được.

A3 배로 가요.

디 방 따우
Đi bằng tàu.

Words **đi**(디) 가다 / **thế nào**(테 나오) 어떻게 / **bằng**(방) ~로, 교통수단과 같이 쓰임 /
máy bay(마이 바이) 비행기 / **đi bộ**(디 보) 걸어가다 / **cũng**(꿍) ~도 /
được(드억) 되다 / **tàu**(따우) 배

Q106 거기까지 걸어가도 될까요?

디 보 덴 도 드억 콩
Đi bộ đến đó được không?

A1 멀어요.

싸 람
Xa lắm.

A2 오토바이로 가야 돼요.

넨 디 쌔 마이
Nên đi xe máy.

A3 괜찮아요.

드억 마
Được mà.

Words	**đi bộ**(디 보) 걸어가다 / **đến**(덴) ~까지 / **đó**(도) 거기 / **được**(드억) 되다 / **xa lắm**(싸 람) 멀다 / **nên**(넨) ~야 되다 / **xe máy**(쌔 마이) 오토바이 / **được mà**(드억 마) 괜찮다

Q107 기차표를 어디에서 파나요?

배 따우 반 어 더우
Vé tàu bán ở đâu?

A1 매표소에 있어요.

어 꾸아이 반 배
Ở quầy bán vé.

A2 제가 물어볼게요.

또이 새 호이 쌤
Tôi sẽ hỏi xem.

A3 여기서 팔아요.

어 더이 반
Ở đây bán.

Words

vé(배) 표 / **tàu**(따우), **tàu lửa**(따우 르아) 기차 / **bán**(반) 팔다 /
ở đâu(어 더우) 어디 / **ở**(어) ~에 있다 / **quầy bán vé**(꾸아이 반 배) 매표소 /
tôi(또이) 나, 저 / **sẽ**(새) ~게요 / **hỏi**(호이) 묻다 / **hỏi xem**(호이 쌤) 물어보다 /
ở đây(어 더이) 여기

 다낭은 어디에 있나요?

다 낭 티 어 더우
Đà Nẵng thì ở đâu?

A1 여기서 200킬로미터나 멀리 떨어져 있어요.

깍 더이 하이 드람 기로맷
Cách đây 200km.

A2 여기서 2시간 차를 타고 가요.

깍 더이 하이 띠엥 디 오 또
Cách đây 2 tiếng đi ô tô.

A3 베트남 중부에 있어요.

어 미엔 드룽 비엩 남
Ở miền Trung Việt Nam.

Words

Đà Nẵng(다 낭) 다낭 / **thì**(티) 있다 / **ở đâu**(어 더우) 어디 /

cách(깍) 멀리 떨어진 / **đây**(더이) 여기서 / **200, hai trăm**(하이 드람) 이백 /

2, hai(하이) 이, 둘 / **tiếng**(띠엥) 시간 / **đi ô tô**(디 오 또) 차를 타고 가다 /

ở(어) ~에 / **miền Trung**(미엔 드룽) 중부

Q109 호찌민 시는
뭐가 유명한가요?

호 찌 민   까이 지 노이 띠엥
Hồ Chí Minh cái gì nổi tiếng?

A1 역사박물관이에요.

비엔 바오 땅   릭 스
Viện bảo tàng lịch sử.

A2 꾸지 터널이에요.

디아 다오 꾸 지
Địa đạo Củ Chi.

A3 메콩 강이에요.

송   메콩
Sông Mekong.

Words

Hồ Chí Minh(호 찌 민) 호찌민 / cái gì(까이 지) 무엇 /
nổi tiếng(노이 띠엥) 유명하다 / viện bảo tàng(비엔 바오 땅) 박물관 /
lịch sử(릭 스) 역사 / địa đạo(디아 다오) 터널 / Củ Chi(꾸 지) 꾸지 /
sông(송) 강 / Mekong(메콩) 메콩

Scene #5 장소

Q110 냐짱보다 붕따우가 더 좋은가요?

Vũng Tàu đẹp
hơn Nha Trang không?

A1 똑같아요.
Giống nhau.

A2 두 곳 다 좋아요.
Cả hai nơi đều đẹp.

A3 저는 다 좋아해요.
Tôi thích tất cả.

Words
Vũng Tàu(붕 따우) 붕따우 / đẹp(댑) 좋다 / hơn(헌) ~보다, 더 /
Nha Trang(냐 짱) 냐짱 / giống nhau(종 나우) 똑같다 /
cả hai nơi đều(까 하이 너이 데우) 두 곳 다 / thích(틱) 좋아하다 / tất cả(떳 까) 다

Part 3 - 여행

Q111 베트남에서 어디가 좋아요?

비엩 남 어 더우 댑
Việt Nam ở đâu đẹp?

A1 좋은 곳이 많아요.

니에우 쪼 댑
Nhiều chỗ đẹp.

A2 바닷가가 좋아요.

비엔 댑
Biển đẹp.

A3 후에나 하롱베이가 좋아요.

후에 빈 하 롱 댑
Huế, Vịnh Hạ Long đẹp.

Words
ở **đâu**(어 더우) 어디 / **đẹp**(댑) 좋다 / **nhiều**(니에우) 많다 / **chỗ**(쪼) 곳 /
biển(비엔) 바다 / **Huế**(후에) 후에 / **Vịnh Hạ Long**(빈 하 롱) 하롱베이

Q112 **한국 사람은 어디에 많이 가나요?**

응어이 · 한 · 꾸옥 · 디 · 더우 · 니에우
Người Hàn Quốc đi đâu nhiều?

A1 호찌민 시에 많이 가요.

디 · 호 · 찌 · 민 · 니에우
Đi Hồ Chí Minh nhiều.

A2 하롱베이와 냐짱, 그리고 다낭이에요.

빈 · 하 · 롱 · 냐 · 짱 · 다 · 낭
Vịnh Hạ Long, Nha Trang, Đà Nẵng.

A3 껀터, 꾸지 터널, 붕따우에 많이 가요.

껀 · 터 · 꾸 · 지 · 붕 · 따우
Cần Thơ, Củ Chi, Vũng Tàu.

Words

ngườí(응어이) 사람 / **Hàn Quốc**(한 꾸옥) 한국 / **đi**(디) 가다 / **đâu**(더우) 어디 /
nhiều(니에우) 많이 / **Cần Thơ**(껀 터) 껀터 / **Củ Chi**(꾸 지) 꾸지 /
Vũng Tàu(붕 따우) 붕따우

Part 3 - 여행

Q113 누구와 함께 여행 가나요?

_주 _릭 _꿍 _{버이} _{아이}
Du lịch cùng với ai?

A1 가족과 함께 가요.

_{버이} _쟈 _딘
Với gia đình.

A2 친구들과 함께 가요.

_{버이} _반 _배
Với bạn bè.

A3 동료와 함께 가요.

_{버이} _동 _{응이엡}
Với đồng nghiệp.

Words du lịch(주 릭) 여행가다 / cùng(꿍) 함께 / với(버이) ~와(과) / ai(아이) 누구 /
gia đình(쟈 딘) 가족 / bạn bè(반 배) 친구들 / đồng nghiệp(동 응이엡) 동료

숙소는 어디인가요?

쪼 어 더우
Chỗ ở đâu?

A1 호텔이에요.

어, 칵 산
Ở khách sạn.

A2 친구 집에서 지내고 있어요.

어, 냐 반
Ở nhà bạn.

A3 아직 안 정했어요.

쯔아 꾸옛 딘
Chưa quyết định.

Words

chỗ ở(쪼 에) 숙소 / đâu(더우) 어디 / ở(에) ～이다, ～에서 /
khách sạn(칵 산) 호텔 / nhà(냐) 집 / bạn(반) 친구 / chưa(쯔아) 아직 /
quyết định(꾸옛 딘) 정하다

Q115 가까운 숙소는 어디에 있나요?

쪼 어 건 티 어 더우
Chỗ ở gần thì ở đâu ?

A1 여기에 싸고 깨끗한 곳이 많아요.

어 더이 니에우 쪼 삭 바 래
Ở đây nhiều chỗ sạch và rẻ.

A2 가까운 숙소는 아주 비싼데 괜찮겠어요?

쪼 어 건 티 허이 닥 드억 콩
Chỗ ở gần thì hơi đắt được không?

A3 이 근처에는 숙소가 없어요.

건 더이 콩 꼰 쪼 어
Gần đây không còn chỗ ở.

Words

chỗ ở(쪼 어) 숙소 / gần(건) 가깝다, 근처 / thì(티) 있다 / ở(어) ~에 / đâu(더우) 어디 /
ở đây(어 더이) 여기 / nhiều(니에우) 많이 / chỗ(쪼) 곳 / sạch(삭) 깨끗하다 /
và(바) ~고 / rẻ(래) 싸다 / hơi(허이) 아주 / đắt(닥) 비싸다 / được(드억) 괜찮다 /
đây(더이) 여기, 지금 / không(콩) 아니요, 부정을 나타낼 때 쓰임 / còn(꼰) 남다

Q116 싸고 깨끗한 숙소를 아세요?

비엘 쪼 어 삭
Biết chỗ ở sạch
바 래 콩
và rẻ không?

A1 저는 잘 모르겠어요.

또이 콩 비엘 로
Tôi không biết rõ.

A2 멀어도 괜찮아요?

싸 드억 콩
Xa được không?

A3 지금은 방이 없을 거예요.

버이 저 새 콩 꼰 쪼
Bây giờ sẽ không còn chỗ.

Words

biết(비엘) 알다 / **chỗ ở**(쪼 어) 숙소 / **sạch**(삭) 깨끗하다 / **và**(바) ~고 /
rẻ(래) 싸다 / **rõ**(로) 잘 / **xa**(싸) 멀다 / **được**(드억) 괜찮다 /
bây giờ(버이 저) 지금 / **sẽ**(새) ~할 것이다 / **không còn chỗ**(콩 꼰 쪼) 방이 없다

Q117 숙소는 어떻게 예약하나요?

람 테 나오 닥 쪼
Làm thế nào đặt chỗ?

A1 전화번호가 1234-56780이니 연락해 보세요.

하이 리엔 락 소 디엔 타이 못 하이 바 본 남 사우 바이 땀
Hãy liên lạc số điện thoại 1234-5678.

A2 제가 도와줄게요.

또이 새 줍
Tôi sẽ giúp.

A3 여기 전화번호와 주소예요.

더이 라 소 디엔 톼이 바 디아 찌
Đây là số điện thoại và địa chỉ.

Words

làm thế nào(람 테 나오) 어떻게 / đặt chỗ(닥 쪼) 예약하다 /
hãy(하이) ~세요 / liên lạc(리엔 락) 연락하다 / số(소) 번호 /
điện thoại(디엔 톼이) 전화 / sẽ(새) ~할 것이다 / giúp(줍) 돕다 /
đây(더이) 여기 / là(라) ~이다 / và(바) ~와(과) / địa chỉ(디아 찌) 주소

Q118 이 쌀국수는 맛있나요?
퍼   나이 응온   콩
Phở này ngon không?

A1 아주 맛있어요.
럭   응온
Rất ngon.

A2 아주 유명해요.
럭   노이 띠엥
Rất nổi tiếng.

A3 외국 사람들에게 인기가 많아요.
응어이   느억   응와이   팃   람
Người nước ngoài thích lắm.

Words

phở(퍼) 쌀국수 / này(나이) 이 / ngon(응온) 맛있다 / rất(럭) 아주, 몹시 /
nổi tiếng(노이 띠엥) 유명하다 / người(응어이) 사람 /
nước ngoài(느억 응와이) 외국 / thích lắm(팃 람) 인기가 많다

Q119 이 식당은 뭐가 유명해요?

_{꾸안} _안 _{나이}
Quán ăn này
_{까이} _지 _{노이} _{띠엥}
cái gì nổi tiếng?

A1 짜조가 맛있어요.

_짜 _죠 _{응온}
Chả giò ngon.

A2 전부 다 맛있어요.

_{니에우} _트 _람
Nhiều thứ lắm.

A3 껌승이 제일이에요.

_껌 _{스엉} _라 _소 _못
Cơm sườn là số một.

Words

quán ăn(꾸안 안) 식당 / **này**(나이) 이 / **cái gì**(까이 지) 무엇 /
nổi tiếng(노이 띠엥) 유명하다 / **chả giò**(짜 죠) 짜조 / **ngon**(응온) 맛있다 /
nhiều thứ lắm(니에우 트 람) 전부 다 / **cơm sườn**(껌 스엉) 껌승 /
là(라) ~이다 / **số một**(소 못) 제일

Q120 베트남 사람들은 주로 무엇을 즐겨 먹나요?

^{응어이} ^{비엘} ^남 ^쭈 ^{이에우} ^안 ^지
Người Việt Nam chủ yếu ăn gì?

A1 밥을 자주 먹어요.

^{트엉} ^안 ^껌
Thường ăn cơm.

A2 쌀국수를 자주 먹어요.

^{트엉} ^안 ^퍼
Thường ăn phở.

A3 국수를 자주 먹어요.

^{트엉} ^안 ^분
Thường ăn bún.

Words
người(응어이) 사람 / **chủ yếu**(쭈 이에우) 주로 / **ăn**(안) 즐겨먹다 / **gì**(지) 무엇 / **thường**(트엉) 자주 / **cơm**(껌) 밥 / **phở**(퍼) 쌀국수 / **bún**(분) 국수

베트남 음식을 좋아하나요?

틧 엄 특
Thích ẩm thực
비엘 남 콩
Việt Nam không?

A1 아주 좋아해요.

또이 틧 람
Tôi thích lắm.

A2 아주 맛있어요.

럭 응온
Rất ngon.

A3 저는 먹을 수 있어요.

또이 안 드억
Tôi ăn được.

Words

thích(틧) 좋아하다 / ẩm thực(엄 특) 음식 / lắm(람), rất(럭) 아주 /
ngon(응온) 맛있다 / ăn được(안 드억) 먹을 수 있다

Scene #8 이유

Q122 **왜 베트남에 여행 가고 싶어요?**

따이 사오 무온 주 릭 비엘 남
Tại sao muốn du lịch Việt Nam?

A1 무척 흥미진진한 곳이에요.

라 너이 럭 투 비
Là nơi rất thú vị.

A2 베트남 사람들이 친절해서요.

응어이 비엘 남 턴 티엔
Người Việt Nam thân thiện.

A3 다양한 먹거리가 있잖아요.

엄 특 퐁 푸
Ẩm thực phong phú.

Words

tại sao(따이 사오) 왜 / **muốn**(무온) ～싶다 / **du lịch**(주 릭) 여행가다 /
là(라) ～이다 / **nơi**(너이) 곳 / **rất**(럭) 무척 / **thú vị**(투 비) 흥미진진하다 /
người(응어이) 사람 / **thân thiện**(턴 티엔) 친절하다 / **ẩm thực**(엄 특) 먹거리 /
phong phú(퐁 푸) 다양하다

**베트남 여행이
재미있었나요?**

주　릭　비엘　남　투　비　콩
Du lịch Việt Nam thú vị không?

A1 아주 재미있었어요.

럭　투　비
Rất thú vị.

A2 다시 가고 싶어요.

또이　무온　디　느아
Tôi muốn đi nữa.

A3 경치가 정말 아름다웠어요.

풍　깐　댑　턱
Phong cảnh đẹp thật.

Words

du lịch(주 릭) 여행 / **thú vị**(투 비) 재미있다 / **rất**(럭) 아주 /
muốn(무온) ~고 싶다 / **đi**(디) 가다 / **nữa**(느아) 다시 /
phong cảnh(풍 깐) 경치 / **đẹp**(댑) 아름답다 / **thật**(턱) 정말

 **베트남 여행이
비싸지 않나요?**

^주 ^릭 ^{비엘} ^남 ^닥 ^콩
Du lịch Việt Nam đất không?

A1 괜찮아요.
^빈 ^{트엉}
Bình thường.

A2 비싸지 않아요.
^콩 ^닥
Không đắt.

A3 저렴해요.
^쟈 ^래
Giá rẻ.

Words   **du lịch**(주 릭) 여행 / **đắt**(닥) 비싸다 / **bình thường**(빈 트엉) 괜찮다 /
không đắt(콩 닥) 비싸지 않다 / **giá rẻ**(쟈 래) 저렴하다

Q125 베트남을 여행하기에
언제가 가장 좋아요?

_{키   나오   디 주 릭   비엩   남}
Khi nào đi du lịch Việt Nam
_{라   돋   녁}
là tốt nhất?

A1 5월이에요.

_{바오   탕   남}
Vào tháng 5.

A2 언제든지 좋아요.

_{룩   나오   꿍   드억}
Lúc nào cũng được.

A3 여름은 피하세요.

_{등   디 바오   무아   해}
Đừng đi vào mùa hè.

Words

khi nào(키 나오) 언제 / đi du lịch(디 주 릭) 여행하다 / là(라) ~이다 /
tốt(돋) 좋다 / nhất(녁) 가장 / vào(바오) ~이다 / tháng năm(탕 남) 5월 /
lúc nào cũng được(룩 나오 꿍 드억) 언제든지 좋다 / đừng(등) 피하세요 /
đi(디) 가다 / mùa hè(무아 해) 여름

Q126 며칠 동안 베트남을 여행하면 좋을까요?

_주 _릭 _{비엘} _남
Du lịch Việt Nam
_{드롱} _{머이} _{응아이} _{드억}
trong mấy ngày được?

A1 일주일쯤이면 괜찮아요.
_{네우} _쾅 _{못 뚜언} _티 _{드억}
Nếu khoảng 1 tuần thì được.

A2 열흘이면 충분해요.
_{네우} _{므어이 응아이} _티 _두
Nếu 10 ngày thì đủ.

A3 10일에서 14일까지 정도면 넉넉해요.
_{네우} _도 _뜨 _{므어이 응아이} _덴 _{므어이본 응아이} _티 _두
Nếu độ từ 10 ngày đến 14 ngày thì đủ.

Words

du lịch^(주 릭) 여행하다 / trong^(드롱) 동안 / mấy ngày^(머이 응아이) 며칠 /
được^(드억) 괜찮다, 좋다 / nếu~thì^(네우~티) ~면 / khoảng^(쾅) 쯤 /
một tuần^(못 뚜언) 일주일 / 10 ngày^(므어이 응아이) 열흘 / đủ^(두) 충분하다, 넉넉하다 /
độ^(도) 정도 / từ~đến~^(뜨~ 덴~) ~에서 ~까지

Q127 여름 베트남 여행은
어떨까요?

무아 해 주 릭 비엘 남
Mùa hè du lịch Việt Nam
드억 · 콩
được không?

A1 여름에는 아주 더워요.
무아 해 럭 농
Mùa hè rất nóng.

A2 여름에 비가 많이 와요.
무아 해 므아 니에우
Mùa hè mưa nhiều.

A3 괜찮아요.
꿍 드억
Cũng được.

Words

mùa hè(무아 해) 여름 / được(드억) 되다 / rất(럭) 아주 /
nóng(농) 덥다 / mưa(므아) 비가 오다 / nhiều(니에우) 많이 /
cũng được(꿍 드억) 괜찮다

Q128 어느 대학교를 졸업했나요?

돈 응이엡
Tốt nghiệp
드렁 다이 혹 나오
trường đại học nào?

A1 한국대학교를 졸업했어요.

돈 응이엡 드렁 다이 혹 한 꾸옥
Tốt nghiệp trường đại học Hàn Quốc.

- -

A2 베트남대학교에서 공부하고 있어요.

또이 당 혹 따이 드렁
Tôi đang học tại trường
다이 혹 비엘 남
đại học Việt Nam.

- -

A3 교육대학이에요.

다이 혹 스 팜
Đại học Sư phạm.

Words

tốt nghiệp(돈 응이엡) 졸업하다 / **trường đại học**(드렁 다이 혹) 대학교 / **nào**(나오) 어느 / **đang**(당) ~고 있다 / **học**(혹) 공부하다 / **tại**(따이) ~에서 / **đại học Sư phạm**(다이 혹 스 팜) 교육대학

Q129 **언제 대학교를 졸업했나요?**

_돈 _{응이엡}
Tốt nghiệp
_{다이} _혹 _키 _{나오}
đại học khi nào?

A1 2년 전에 졸업했어요.
_다 _돈 _{응이엡} _{하이} _남 _{드럭}
Đã tốt nghiệp 2 năm trước.

A2 오래 전에 졸업했어요.
_돈 _{응이엡} _{러우} _{로이}
Tốt nghiệp lâu rồi.

A3 작년에 졸업했어요.
_돈 _{응이엡} _남 _{응와이}
Tốt nghiệp năm ngoái.

Words

tốt nghiệp(돈 응이엡) 졸업하다 / **đại học**(다이 혹) 대학교 /
khi nào(키 나오) 언제 / **đã tốt nghiệp**(다 돈 응이엡) 졸업했다 /
2, hai(하이) 이, 둘 / **năm**(남) 년 / **trước**(드럭) 전 / **lâu rồi**(러우 로이) 오래 전 /
năm ngoái(남 응와이) 작년

Q130 전공이 뭐예요?

쭈이엔　　　　　응안　　　라　지
Chuyên ngành là gì?

A1 한국어 전공이에요.

쭈이엔　　　　응안　　　띠엥　　한
Chuyên ngành tiếng Hàn.

A2 교육학 전공이에요.

쭈이엔　　　　응안　　　자오　육　혹
Chuyên ngành giáo dục học.

A3 사회복지학 전공이에요.

쭈이엔　　　　응안　　　푹　　러이　싸　호이
Chuyên ngành phúc lợi xã hội.

Words

chuyên ngành(쭈이엔 응안) 전공 / **là**(라) ～이다 / **gì**(지) 무엇 /
tiếng(띠엥) 언어, 소리, 시간 / **tiếng Hàn**(띠엥 한) 한국어 /
giáo dục học(자오 육 혹) 교육학 / **phúc lợi**(푹 러이) 복지 / **xã hội**(싸 호이) 사회

Q131 **영어를 할 수 있나요?**

꼬 테 노이
Có thể nói

띠엥 안 콩
tiếng Anh không?

A1 영어는 조금 할 수 있어요.

꼬 테 노이 띠엥 안 못 쭉
Có thể nói tiếng Anh một chút.

A2 잘 못해요.

콩 테
Không thể.

A3 영어를 잘해요.

꼬 테 노이 띠엥 안 죠이
Có thể nói tiếng Anh giỏi.

Words | có thể(꼬 테) 할 수 있다 / nói(노이) 말하다, 이야기하다 / tiếng Anh(띠엥 안) 영어 / một chút(못 쭉) 조금 / không thể(콩 테) 못하다 / giỏi(죠이) 잘

한국어를 어떻게
공부했나요?

다 혹 띠엥 한 테 나오
Đã học tiếng Hàn thế nào?

A1 센터에 가서 공부했어요.
디 혹 어 드룽 떰
Đi học ở trung tâm.

A2 대학교에서 공부했어요.
혹 어 드렁 다이 혹
Học ở trường đại học.

A3 온라인으로 한국어를 공부했어요.
다 혹 띠엥 한 드룩 뚜이엔
Đã học tiếng Hàn trực tuyến.

Words

đã học(다 혹) 공부했다 / **tiếng Hàn**(띠엥 한) 한국어 / **thế nào**(테 나오) 어떻게 /
đi(디) 가다 / **học**(혹) 공부하다 / **ở**(어) ~에, 에서 / **trung tâm**(드룽 떰) 센터 /
trường đại học(드렁 다이 혹) 대학교 / **trực tuyến**(드룩 뚜이엔) 온라인

이것은 베트남어로 뭐라고 하나요?

까이 *나이* *띠엥* *비엗* *라* *지*
Cái này tiếng Việt là gì?

A1 이것은 베트남어로 '아오(옷)'라고 해요.

까이 *나이* *띠엥* *비엗* *라* *아오*
Cái này tiếng Việt là 'áo'.

A2 발음이 한국어 발음과 비슷하네요.

팓 *엄* *건* *종* *띠엥* *한*
Phát âm gần giống tiếng Hàn.

A3 '디엔 토아이(전화)'예요.

라 *디엔* *토아이*
Là 'điện thoại'.

Words

cái(*까이*) 것 / **này**(*나이*) 이 / **tiếng**(*띠엥*) 말, 언어 /
tiếng Việt(*띠엥 비엗*) 베트남어 / **là**(*라*) ~이다 / **gì**(*지*) 무엇 / **áo**(*아오*) 옷 /
phát âm(*팓 엄*) 발음 / **gần giống**(*건 종*) 비슷하다 /
tiếng Hàn(*띠엥 한*) 한국어

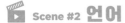

Q134 베트남어를 가르쳐 주세요!

_씬 _{쟈이} _{또이} _{띠엥} _{비엘}
Xin dạy tôi tiếng Việt!

A1 네, 베트남어 책을 준비하세요.

_벙 _씬 _{쭈언} _비 _삭 _{띠엥} _{비엘}
Vâng, xin chuẩn bị sách tiếng Việt.

A2 미안해요. 제가 시간이 없어요.

_씬 _{로이} _{또이} _콩 _꼬 _{터이} _쟌
Xin lỗi, tôi không có thời gian.

A3 다음 주부터 가르쳐 줄 수 있어요.

_뜨 _{뚜언} _{사우} _꼬 _테
Từ tuần sau có thể.

Words

xin(씬) ~세요 / dạy(쟈이) 가르치다 / tiếng Việt(띠엥 비엘) 베트남어 /
vâng(벙) 네, 예 / chuẩn bị(쭈언 비) 준비하다 / sách(삭) 책 /
xin lỗi(씬 로이) 미안합니다 / không có(콩 꼬) 없다 / thời gian(터이 쟌) 시간 /
từ(뜨) ~부터 / tuần(뚜언) 주 / sau(사우) 다음 / có thể(꼬 테) ~수 있다

어디에서 왔나요?

뜨 더우 덴
Từ đâu đến?

A1 저는 베트남 사람이에요.

또이 라 응어이 비엣 남
Tôi là người Việt Nam.

A2 저는 한국 사람이 아니에요.

또이 콩 라 응어이 한 꾸옥
Tôi không là người Hàn Quốc.

A3 베트남에서 왔어요.

또이 뜨 비엣 남 덴
Tôi từ Việt Nam đến.

Words

từ(뜨), **ở**(어) ~에서 / **đâu**(더우) 어디 / **đến**(덴) 오다 / **là**(라) ~이다 /
người(응어이) 사람 / **không là**(콩 라) 아니다

Q136 한국에 온 지 얼마나 됐나요?

^덴 ^한 ^{꾸옥}
Đến Hàn Quốc
^{드억} ^{바오} ^{러우}
được bao lâu?

A1 여기에 온 지 2년 됐어요.

^덴 ^{더이} ^{드억} ^{하이 남}
Đến đây được 2 năm.

A2 2개월밖에 안 됐어요.

^{머이} ^{드억} ^{하이 탕}
Mới được 2 tháng.

A3 1년 됐어요.

^{드억} ^{못 남}
Được 1 năm.

Words
đến(덴) 오다 / **được**(드억) 되다 / **bao lâu**(바오 러우) 얼마나 / **đây**(더이) 여기 /
năm(남) 년 / **mới được**(머이 드억) ~밖에 안 되다 / **tháng**(탕) 월

Q137 한국에는 무슨 일로 왔어요?

덴 한 꾸옥
Đến Hàn Quốc
버이 비엘 지
với việc gì?

A1 한국어를 배우러 왔어요.

덴 데 혹 띠엥 한
Đến để học tiếng Hàn.

A2 일하러 왔어요.

덴 데 람 비엘
Đến để làm việc.

A3 출장으로 왔어요.

덴 데 꽁 딱
Đến để công tác.

Words

đến(덴) 오다 / **với việc gì**(버이 비엘 지) 무슨 일로 / **để**(데) ~러, ~으로 /
học(혹) 배우다 / **tiếng Hàn**(띠엥 한) 한국어 / **làm việc**(람 비엘) 일하다 /
công tác(꽁 딱) 출장

Q138 지금 어디에서 살고 있어요?

바이 져 당 송 어 더우
Bây giờ đang sống ở đâu?

A1 학교 기숙사에서 살고 있어요.

당 송 어 끼 똑 싸 드렁
Đang sống ở kí túc xá trường.

A2 친구 집에서 살고 있어요.

당 송 어 냐 반
Đang sống ở nhà bạn.

A3 이 근처에서 월세 집에 살고 있어요.

당 송 냐 투에 어 건 더이
Đang sống nhà thuê ở gần đây.

Words	**bây giờ**(바이 저) 지금 / **đang**(당) ~고 있다 / **sống**(송) 살다 / **ở**(어) ~에서 / **đâu**(더우) 어디 / **kí túc xá**(끼 뚝 싸) 기숙사 / **trường**(드렁) 학교 / **nhà**(냐) 집 / **bạn**(반) 친구 / **thuê**(투에) 월세 / **gần đây**(건 더이) 이 근처

Q139 한국에서 어떤 일을 하고 있어요?

_당 _람 _지 _어 _한 _{꾸옥}
Đang làm gì ở Hàn Quốc?

A1 한국어를 공부하고 있어요.

_당 _혹 _{띠엥} _한
Đang học tiếng Hàn.

A2 여행하고 있어요.

_당 _주 _릭
Đang du lịch.

A3 공장에서 일하고 있어요.

_당 _람 _{비엘} _어 _냐 _{마이}
Đang làm việc ở nhà máy.

Words đang(당) ~고 있다 / **làm gì**(람 지) 어떤 일 / **ở**(어) ~에서 /
Hàn Quốc(한 꾸옥) 한국 / **học**(혹) 공부하다 / **tiếng Hàn**(띠엥 한) 한국어 /
du lịch(주 릭) 여행 / **làm việc**(람 비엘) 일하다 / **nhà máy**(냐 마이) 공장

Q140 한국의 유명한 관광지를 알고 있나요?

비엘 디엠 주 릭 노이 띠엥
Biết điểm du lịch nổi tiếng
꾸아 한 꾸옥 콩
của Hàn Quốc không?

A1 잘 모르겠어요.

콩 비엘 로
Không biết rõ.

A2 제주도에 갔다 왔어요.

또이 다 덴 다오 제주
Tôi đã đến đảo Cheju.

A3 소개해 주세요.

씬 저이 티에우 쪼 또이
Xin giới thiệu cho tôi.

Words

biết(비엘) 알다 / **điểm du lịch**(디엠 주 릭) 관광지 /
nổi tiếng(노이 띠엥) 유명하다 / **của**(꾸아) ~의 / **không biết**(콩 비엘) 모르다 /
rõ(로) 잘 / **đảo**(다오) 도(섬) / **giới thiệu**(저이 티에우) 소개하다 / **cho**(쪼) 주다

Q141 한국에는 베트남 친구가
많이 있나요?

꼬　　니에우　　　반　　비엘　남
Có nhiều bạn Việt Nam
어　한　　꾸옥　　콩
ở Hàn Quốc không?

A1 네, 많이 있어요.
벙　　　꼬　니에우
Vâng, có nhiều.

A2 별로 없어요.
콩　　니에우　람
Không nhiều lắm.

A3 아직 없어요.
번　　쯔아　꼬
Vẫn chưa có.

Words　　**có**(꼬) 있다 / **nhiều**(니에우) 많이 / **bạn**(반) 친구 / **vâng**(벙) 네, 예 /
không~lắm(콩~람) 별로 / **vẫn**(번) 아직 / **chưa có**(쯔아 꼬) 없다

Q142 부모님과 자주 통화하나요?

트엉 디엔 타이
Thường điện thoại
버이 보 매 콩
với bố mẹ không?

A1 한 달에 두 번쯤 통화해요.

디엔 타이 하이 런 못 탕
Điện thoại hai lần 1 tháng.

A2 자주 통화 못해요.

트엉 콩 디엔 타이
Thường không điện thoại.

A3 매주 한 번씩 통화해요.

디엔 타이 모이 뚜언 못 런
Điện thoại mỗi tuần một lần.

Words

thường(트엉) 자주 / điện thoại(디엔 타이) 통화하다 / với(버이) ~과 /
bố mẹ(보 매) 부모님 / 2, hai(하이) 이, 둘 / lần(런) 번 / một tháng(못 탕) 한 달 /
không(콩) 못하다 / mỗi tuần(모이 뚜언) 매주 / một lần(못 런) 한 번씩

Q143 **한국 음식을 요리할 수 있나요?**

^꼬 ^테 ^{너우} ^특 ^안
Có thể nấu thức ăn

^한 ^{꾸옥} ^콩
Hàn Quốc không?

A1 네, 요리할 수 있어요.

^벙 ^꼬 ^테 ^{너우}
Vâng, có thể nấu.

A2 미역국을 끓일 수 있어요.

^꼬 ^테 ^{너우} ^깐 ^롱 ^{비엔}
Có thể nấu canh rong biển.

A3 네, 어렵지 않아요.

^벙 ^콩 ^코
Vâng, không khó.

Words

có thể(꼬 테) ~수 있다 / **nấu**(너우) 요리하다 / **thức ăn**(특 안) 음식 /
Hàn Quốc(한 꾸옥) 한국 / **vâng**(벙) 네, 예 / **canh**(깐) 국 / **rong biển**(롱 비엔) 미역 /
khó(코) 어렵다 / **không khó**(콩 코) 어렵지 않다

Q144 한국 요리를 어디에서 배웠나요?

혹 너우 안
Học nấu ăn
한 꾸옥 어 더우
Hàn Quốc ở đâu?

A1 베트남에서 배웠어요.

다 혹 어 비엘 남
Đã học ở Việt Nam.

A2 센터에서 배웠어요.

다 혹 어 드룽 떰
Đã học ở trung tâm.

A3 한국 친구가 가르쳐 줬어요.

반 한 꾸옥 쟈이 쪼 또이
Bạn Hàn Quốc dạy cho tôi.

Words học(혹) 배우다 / nấu ăn(너우 안) 요리 / ở đâu(어 더우) 어디 / đã học(다 혹) 배웠다 / ở(어) ~에서 / trung tâm(드룽 떰) 센터 / bạn(반) 친구 / dạy(쟈이) 가르치다 / cho(쪼) 주다

Q145 **김치를 담글 수 있나요?**

꼬 테 람
Có thể làm

김 치 콩
kim chi không?

A1 담글 수 있지만 맛이 없어요.

꼬 테 람 능 콩 응온
Có thể làm nhưng không ngon.

A2 아니요, 사서 먹어요.

콩 무아 안
Không, mua ăn.

A3 담그는 법을 몰라요.

콩 비엘 깍 람
Không biết cách làm.

Words

có thể(꼬 테) ~수 있다 / **làm**(람) 담그다 / **nhưng**(능) ~지만 /
không ngon(콩 응온) 맛이 없다 / **không**(콩) 아니요 / **mua**(무아) 사다 / **ăn**(안) 먹다 /
không biết(콩 비엘) 모르다 / **cách**(깍) 방법

Q146 한국 사람은 어떤 것 같아요?

응어이   한   꾸옥
Người Hàn Quốc
라   응어이   테   나오
là người thế nào?

A1 성격이 급해요.
농   띤
Nóng tính.

A2 매운 음식을 잘 먹어요.
안   까이   돋
Ăn cay tốt.

A3 열심히 일해요.
람   비엘   짬   찌
Làm việc chăm chỉ.

Words

người(응어이) 사람 / **là**(라) ~이다 / **thế nào**(테 나오) 어떤 / **nóng**(농) 급하다 /
tính(띤) 성격 / **ăn**(안) 먹다 / **cay**(까이) 맵다 / **tốt**(돋) 잘 / **làm việc**(람 비엘) 일하다 /
chăm chỉ(짬 찌) 열심히

Q147 **한국 친구가 많이 있나요?**

꼬 니에우 반
Có nhiều bạn

한 꾸옥 콩
Hàn Quốc không?

A1 한국 친구가 여럿 있어요.

또이 꼬 바이 반 한 꾸옥
Tôi có vài bạn Hàn Quốc.

A2 한국 친구가 없어요.

또이 콩 꼬 반 한 꾸옥
Tôi không có bạn Hàn Quốc.

A3 한국 친구가 많이 있어요.

또이 꼬 니에우 반 한 꾸옥
Tôi có nhiều bạn Hàn Quốc.

Words **có**(꼬) 있다 / **nhiều**(니에우) 많이 / **bạn**(반) 친구 / **vài**(바이) 여러 / **không có**(콩 꼬) 없다

Q148 한국에서 살기 괜찮아요?

송 어 한 꾸옥 드억 콩
Sống ở Hàn Quốc được không?

A1 네, 좋아요.

벙 또이 팃
Vâng, tôi thích.

A2 잘 살고 있어요.

당 송 돋
Đang sống tốt.

A3 힘들지만 재미있어요.

벗 바 능 부이
Vất vả nhưng vui.

Words

sống(송) 살다 / **ở**(어) ~에서 / **được**(드억) 괜찮다 / **vâng**(벙) 네, 예 /
thích(팃) 좋아하다 / **đang**(당) ~고 있다 / **tốt**(돋) 잘 / **vất vả**(벗 바) 힘들다 /
nhưng(능) ~지만 / **vui**(부이) 재미있다

Q149 한국에서 살기 힘들지 않아요?

송 어 한 꾸옥 벅 바 콩
Sống ở Hàn Quốc vất vả không?

A1 처음에 힘들었어요.

룩 더우 벅 바
Lúc đầu vất vả.

A2 지금 괜찮아요.

바이 저 콩 사오
Bây giờ không sao.

A3 의사소통이 잘 안 돼서 힘들어요.

코 칸 비 콩 히에우 나우
Khó khăn vì không hiểu nhau.

Words

sống(송) 살다 / ở(어) ~에서 / vất vả(벅 바), khó khăn(코 칸) 힘들다 /
lúc đầu(룩 더우) 처음 / bây giờ(바이 저) 지금 / không sao(콩 사오) 괜찮다 /
vì(비) ~해서 / không hiểu nhau(콩 히에우 나우) 의사소통이 안 되다

Q150 한국 문화는 어때요?

^반 ^화 ^한 ^{꾸옥} ^테 ^{나오}
Văn hóa Hàn Quốc thế nào?

A1 베트남 문화와 비슷해요.

^종 ^반 ^화 ^{비엩} ^남
Giống văn hóa Việt Nam.

A2 한국 문화에 적응이 쉬웠어요.

^{또이} ^제 ^장 ^팃 ^응 ^{버이}
Tôi dễ dàng thích ứng với
^반 ^화 ^한 ^{꾸옥}
văn hóa Hàn Quốc.

A3 베트남 문화와 크게 다르지 않아요.

^콩 ^칵 ^{버이} ^반 ^화 ^{비엩} ^남
Không khác với văn hóa Việt Nam.

Words	**văn hóa**(반 화) 문화 / **thế nào**(테 나오) 어때요 / **giống**(종) 비슷하다 / **dễ dàng**(제 장) 쉽다 / **thích ứng**(팃 응) 적응하다 / **với**(버이) ~에(에게), ~의 쪽으로, ~와(과) / **khác**(칵) 다르다 / **không khác**(콩 칵) 다르지 않다

한국은 춥지 않아요?

한 꾸옥 란 콩
Hàn Quốc lạnh không?

A1 정말 추워요.

란 꾸아
Lạnh quá.

A2 가을은 괜찮지만 겨울은 추워요.

무아 투 드억 능 무아 동 란
Mùa thu được nhưng mùa đông lạnh.

A3 한국 날씨를 좋아해요.

또이 팃 터이 띠엣 한 꾸옥
Tôi thích thời tiết Hàn Quốc.

Words
lạnh(란) 춥다 / quá(꾸아) 정말 / mùa thu(무아 투) 가을 / được(드억) 괜찮다 /
nhưng(능) ~지만 / mùa đông(무아 동) 겨울 / thích(팃) 좋아하다 /
thời tiết(터이 띠엣) 날씨

Q152 베트남 집은 어디예요?

냐 비엘 남 어 더우
Nhà Việt Nam ở đâu?

A1 호찌민 시예요.

어, 탄 포 호 찌 민
Ở thành phố Hồ Chí Minh.

A2 수도 하노이예요.

어, 투 도 하 노이
Ở thủ đô Hà Nội.

A3 바다 근처 다낭이에요.

어 건 비엔 다 낭
Ở gần biển Đà Nẵng.

Words

nhà(냐) 집 / **ở đâu**(어 더우) 어디 / **ở**(어) 살다, 머무르다, ~에 있다 /
thành phố(탄 포) 시 / **thủ đô**(투 도) 수도 / **gần**(건) 근처 / **biển**(비엔) 바다

Q153 **베트남에는 자주 가나요?**

트엉   디 비엣   남

Thường đi Việt Nam

콩

không?

A1 자주 못 가요.

콩   디 트엉   쑤이엔

Không đi thường xuyên.

A2 요즘 비행기 표가 비싸요.

쟈오   나이   배   마이   바이   닥   꾸아

Dạo này vé máy bay đắt quá.

A3 시간이 없어요.

또이   콩   꼬   터이   쟌

Tôi không có thời gian.

Words

thường(트엉), thường xuyên(트엉 쑤이엔) 자주 / đi(디) 가다 /
dạo này(쟈오 나이) 요즘 / vé(배) 표 / máy bay(마이 바이) 비행기 /
đắt quá(닥 꾸아) 비싸다 / không có(콩 꼬) 없다 / thời gian(터이 쟌) 시간

Q154 **한국에서 베트남까지 몇 시간 걸리나요?**

뜨   한   꾸옥   덴
Từ Hàn Quốc đến

비엘   남   먹   머이   띠엥
Việt Nam mất mấy tiếng?

A1 5시간쯤 걸려요.

먹   쾅   남   띠엥
Mất khoảng 5 tiếng.

A2 호찌민까지 5시간쯤 걸려요.

덴   호   찌   민   먹   쾅   남   띠엥
Đến Hồ Chí Minh mất khoảng 5 tiếng.

A3 하노이까지 4시간 30분 걸려요.

덴   하   노이   먹   본   띠엥   바 므어이 풋
Đến Hà Nội mất 4 tiếng 30 phút.

Words **từ**(뜨) ~에서 / **đến**(덴) ~까지 / **mất**(먹) 걸리다 / **mấy**(머이) 몇 / **tiếng**(띠엥) 시간 / **khoảng**(쾅) 쯤 / 5, **năm**(남) 오, 다섯 / 4, **bốn**(본) 사, 넷 / 30, **ba mươi**(바 므어이) 삼십, 서른 / **phút**(풋) 분

Q155 베트남에는 한국 사람이
많이 있나요?

어, 비엘 남 꼬 니에우
Ở Việt Nam có nhiều
응어이 한 꾸옥 콩
người Hàn Quốc không?

A1 호찌민 시에 많이 있어요.

어, 호 찌 민 꼬 니에우
Ở Hồ Chí Minh có nhiều.

A2 하노이에 한국 회사가 많아요.

어, 하 노이 꼬 니에우 꽁 띠 한 꾸옥
Ở Hà Nội có nhiều công ty Hàn Quốc.

A3 네, 많이 있어요.

벙 꼬 니에우
Vâng, có nhiều.

Words
ở(어) ~에 / **có**(꼬) 있다 / **nhiều**(니에우) 많이 / **người**(응어이) 사람 /
công ty(꽁 띠) 회사 / **vâng**(벙) 네, 예

Q156 베트남 음식을
자주 요리하나요?

트엉　너우　특　안
Thường nấu thức ăn
비엘　남　콩
Việt Nam không?

A1 쌀국수를 자주 요리해 먹어요.

또이　트엉　너우　퍼　안
Tôi thường nấu phở ăn.

A2 가끔 요리해요.

틴　토앙　너우
Thỉnh thoảng nấu.

A3 아니요, 베트남 식당에 가서 사 먹어요.

콩　덴　안　어　꾸안　안　비엘　남
Không, đến ăn ở quán ăn Việt Nam.

Words

thường(트엉) 자주 / **nấu**(너우) 요리하다 / **thức ăn**(특 안) 음식 / **phở**(퍼) 쌀국수 /
ăn(안) 먹다 / **thỉnh thoảng**(틴 토앙) 가끔 / **không**(콩) 아니요 / **ở**(어) ~에 /
quán ăn(꾸안 안) 식당

Q157 베트남 날씨와
한국 날씨는 비슷하나요?

터이 띠엣 한 꾸옥
Thời tiết Hàn Quốc
바 비엘 남 종 콩
và Việt Nam giống không?

A1 많이 달라요.

칸 니에우
Khác nhiều.

A2 비슷하지 않아요.

콩 종 나우
Không giống nhau.

A3 한국보다 베트남이 더 더워요.

비엘 남 농 헌 한 꾸옥
Việt Nam nóng hơn Hàn Quốc.

Words	**thời tiết**(터이 띠엣) 날씨 / **và**(바) ~와(과) / **giống**(종), **giống nhau**(종 나우) 비슷하다 / **khác**(칻) 다르다 / **nhiều**(니에우) 많이 / **không**(콩) 아니요. 부정을 나타낼 때 쓰임 / **nóng**(농) 덥다 / **hơn**(헌) ~보다 더

Part 5

응용
회화

응용1

^씬 ^{짜오} ^헌 ^한 ^{드억} ^갑
Xin chào. Hân hạnh được gặp.
^{또이} ^라 ^김 ^민 ^우
Tôi là Kim Min Woo.
^{또이} ^{바므어이땀} ^{뚜오이} ^라 ^년 ^{비엔} ^꽁 ^띠
Tôi 38 tuổi, là nhân viên công ty.
^{또이} ^다 ^럽 ^쟈 ^딘 ^꼬 ^{하이꼰}
Tôi đã lập gia đình, có 2 con.
^{또이} ^송 ^어 ^{서울} ^서 ^팃 ^{또이} ^라 ^독 ^삭
Tôi sống ở Seoul, sở thích tôi là đọc sách.

안녕하세요. 처음 뵙겠습니다.
저는 김민우입니다.
나이는 서른여덟 살이고, 회사원이에요.
결혼해서 아이가 둘입니다.
지금은 서울에 살고 있고, 취미는 독서예요.

씬 짜오 뗀 또이 라 김 민 우
Xin chào. Tên tôi là Kim Min Woo.

헌 한 드억 갑
Hân hạnh được gặp.

남 나이 바므어이 뚜오이 독 턴
Năm nay 30 tuổi, độc thân.

또이 송 꿍 보 매 바 안 앰 따이 서울
Tôi sống cùng bố mẹ và anh em tại Seoul.

또이 라 년 비엔 꽁 띠
Tôi là nhân viên công ty.

트엉 디 람 바 베 방 쌔 오 또 또이 객 띠엥 온
Thường đi làm và về bằng xe ô tô, tôi ghét tiếng ồn.

서 팃 또이 라독 삭
Sở thích tôi là đọc sách.

하이 남 드럭 다 드억 혹 띠엥 비엘
2 năm trước đã được học tiếng Việt.

남 응와이 다 디 비엘 남
Năm ngoái đã đi Việt Nam.

바이 저 비 꽁 비엘 꽁 띠 또이 당 혹 띠엥 비엘 짬 찌
Bây giờ vì công việc công ty tôi đang học tiếng Việt chăm chỉ.

안녕하세요. 제 이름은 김민우예요.

처음 뵙겠습니다.

올해 서른 살의 독신입니다.

서울에서 부모님, 형제와 함께 살고 있어요.

저는 회사원이에요.

출퇴근은 주로 자가용으로 하고, 소음을 싫어하는 편이죠.

취미는 독서예요.

2년 전에 베트남어를 공부하게 되었어요.

작년에는 베트남에도 가 봤죠.

지금은 회사 일 때문에 베트남어를 열심히 공부하고 있어요.

여보세요, 누구세요? (Q50-A1)
<small>아 로 아이 도</small>
A lô, ai đó?

저예요.
<small>또이 더이</small>
Tôi đây.

잘 지내죠? (Q42-A1)
<small>만 쾌 콩</small>
Mạnh khỏe không?

네, 잘 지내요.
<small>벙 또이 쾌</small>
Vâng, tôi khỏe.

내일 시간 어때요? (Q41-A2)
<small>응아이 마이 터이 쟌 테 나오</small>
Ngày mai thời gian thế nào?

내일 시간 있어요.
<small>응아이 마이 꼬 터이 쟌</small>
Ngày mai có thời gian.

우리 한 번 만날까요? (Q43-A2)
<small>쭝 따 갑 냐우 못 런 드억 콩</small>
Chúng ta gặp nhau 1 lần được không?

네, 그럼요.
<small>벙 떡 니엔 로이</small>
Vâng, tất nhiên rồi.

어디에서 만날까요? (Q72-A1)
<small>새 갑 어 더우</small>
Sẽ gặp ở đâu?

서울역에서 만나요.

갑 어 가 서울
Gặp ở ga Seoul.

또 만나요. (Q5-A3)

핸 갑 라이
Hẹn gặp lại.

나중에 만나요.

갑 라이 사우 니애
Gặp lại sau nhé.

응용 4

토요일에 학교 가나요? (Q62-A1)

트 바이 디 혹 콩
Thứ bảy đi học không?

토요일에 학교 안 가요.

트 바이 콩 디 혹
Thứ bảy không đi học.

저와 함께 영화를 보실래요? (Q76-A1)

꼬 테 쌤 핌 꿍 버이 또이 콩
Có thể xem phim cùng với tôi không?

나중에 시간 나면 전화할게요.

또이 새 디엔 퇘이 사우 네우 꼬 터이 잔
Tôi sẽ điện thoại sau nếu có thời gian.

전화번호 알려 주시겠어요? (Q49-A3)

씬 쪼 비엗 소 디엔 퇘이
Xin cho biết số điện thoại?

여기 제 전화번호예요.

더이 라 소 디엔 퇘이 꾸아 또이
Đây là số điện thoại của tôi.

친구와 자주 만나나요? (Q67-A1)

트엉 갑 반 콩
Thường gặp bạn không?

가끔 만나요.

틴 토앙 갑
Thỉnh thoảng gặp.

보통 어디서 친구를 만나요? (Q69-A1)

트엉 갑 반 어 더우
Thường gặp bạn ở đâu?

커피숍에서 만나요.

갑 어 꾸안 까 페
Gặp ở quán cà phê.

거기가 어디예요? (Q73-A3)

도 라 어 더우
Đó là ở đâu?

병원 앞이에요.

드럭 벤 비엔
Trước bệnh viện.

실례지만, 가까운 마트 아세요? (Q91-A3)

씬 로이 비엘 시에우 티 건 더이 콩
Xin lỗi, biết siêu thị gần đây không?

저기 사거리에 있어요.

어 응아 뜨 당 끼아
Ở ngã tư đằng kia.

거기까지 걸어가도 될까요? (Q106-A3)

디 보 덴 도 드억 콩
Đi bộ đến đó được không?

괜찮아요.

드억 마
Được mà.

여기서 거기까지 얼마나 걸려요? (Q90-A3)

뜨 더이 덴 도 먹 바오 싸
Từ đây đến đó mất bao xa?

15분 걸려요.

먹 므어이람 풋
Mất 15 phút.

베트남의 날씨는 어때요? (Q94-A1)

키 허우 비엩 남 테 나오
Khí hậu Việt Nam thế nào?

아주 더워요.

럳 농
Rất nóng.

오늘 날씨는 어때요? (Q95-A3)

터이 띠엩 홈 나이 테 나오
Thời tiết hôm nay thế nào?

좋네요. 아주 덥지는 않아요.

돋 콩 농 람
Tốt, không nóng lắm.

베트남에는 사계절이 있나요? (Q98-A2)

어 비엩 남 꼬 본 무아 콩
Ở Việt Nam có bốn mùa không?

남쪽에는 사계절이 없어요.

미엔 남 콩 꼬 본 무아
Miền Nam không có bốn mùa.

한국 라면 있나요? (Q100-A1)

꼬 미 안 리엔 한 꾸옥 콩
Có mì ăn liền Hàn Quốc không?

네, 있어요.

벙 꼬
Vâng, có.

이거 얼마예요? (Q99-A1)

까이 나이 쟈 바오 니에우
Cái này giá bao nhiêu?

5만 동이에요.

남 므어이 응인 동
50 nghìn đồng.

좀 비싼데요? (Q102–A1)

허이 닥 니
Hơi đắt nhỉ?

안 비싸요.

콩 닥
Không đắt.

여름 베트남 여행은 어떨까요? (Q127-A1)

무아 해 주 릭 비엘 남 드억 콩
Mùa hè du lịch Việt Nam được không?

여름에는 아주 더워요.

무아 해 럭 농
Mùa hè rất nóng.

며칠 동안 베트남을 여행하면 좋을까요? (Q126-A1)

주 릭 비엘 남 드롱 머이 응아이 드억
Du lịch Việt Nam trong mấy ngày được?

일주일쯤이면 괜찮아요.

네우 쾅 못 뚜언 티 드억

Nếu khoảng 1 tuần thì được.

왜 베트남에 여행 가고 싶어요? (Q122-A2)

따이 사오 무온 주 릭 비엘 남

Tại sao muốn du lịch Việt Nam?

베트남 사람들이 친절해서요.

응어이 비엘 남 턴 티엔

Người Việt Nam thân thiện.

응용10

어느 대학교를 졸업했나요? (Q128-A1)

돋 응이엡 드렁 다이 혹 나오

Tốt nghiệp trường đại học nào?

한국대학교를 졸업했어요.

돋 응이엡 드렁 다이 혹 한 꾸옥

Tốt nghiệp trường đại học Hàn Quốc.

언제 대학교를 졸업했나요? (Q129-A3)

돋 응이엡 다이 혹 키 나오

Tốt nghiệp đại học khi nào?

작년에 졸업했어요.

돋 응이엡 남 응와이

Tốt nghiệp năm ngoái.

전공이 뭐예요? (Q130-A2)

쭈이엔 응안 라 지

Chuyên ngành là gì?

교육학 전공이에요.

쭈이엔 응안 자오 육 혹

Chuyên ngành giáo dục học.

어디에서 왔나요? (Q135-A3)

<small>뜨 더우 덴</small>
Từ đâu đến?

베트남에서 왔어요.

<small>또이 뜨 비엘 남 덴</small>
Tôi từ Việt Nam đến.

한국에는 무슨 일로 왔어요? (Q137-A1)

<small>덴 한 꾸옥 버이 비엘 지</small>
Đến Hàn Quốc với việc gì?

한국어를 배우러 왔어요.

<small>덴 데 혹 띠엥 한</small>
Đến để học tiếng Hàn.

지금 어디에서 살고 있어요? (Q138-A1)

<small>바이 저 당 송 어 더우</small>
Bây giờ đang sống ở đâu?

학교 기숙사에서 살고 있어요.

<small>당 송 어 끼 뚝 싸 드렁</small>
Đang sống ở kí túc xá trường.

QUESTION
LIST

궁금한 질문을 찾아볼 수 있도록
무려 157개의 질문 리스트를 한자리에 모았어요.
외국인을 만나 침묵하기 있기, 없기?
여기 Question List로 생각하지 않아도
톡톡 나오는 베트남어를 꿈꾸세요!